Stefan Schäfer

Basics Deutsch

Grammatik

Einfach und einprägsam
Grundwissen wiederholen

Auer

6. Auflage 2024

Autor*innen: Stefan Schäfer
Illustrationen: Barbara Schumann
Satz: Fotosatz H. Buck, Kumhausen
Druck und Bindung: PMLS – Print Management Logistics Solutions
ISBN 978-3-403-**06689**-7

www.auer-verlag.de

Inhaltsverzeichnis

Vorbemerkungen

Grammatik ist bei vielen Schülerinnen und Schülern unbeliebt und wird oft entsprechend mangelhaft beherrscht. Ein solides Grammatikwissen ist jedoch nicht nur Voraussetzung für das Verständnis fast aller Orthografieregeln, es hilft beim Fremdsprachenlernen und erweitert nicht zuletzt auch die eigenen Ausdrucksmöglichkeiten.

Das Heft *Basics Deutsch – Grammatik* möchte bei der Wiederholung und Erarbeitung des grammatischen Stoffs helfen und bietet zu allen wichtigen (und besonders rechtschreibrelevanten) Grammatikbereichen Arbeitsblätter, die klassenstufenunabhängig eingesetzt werden können.

Der **Aufbau der zweiseitigen Arbeitsblätter** ist dabei immer gleich:

- Das erste Blatt enthält eine Erklärung des jeweiligen Grammatikbereichs in Form eines Merkkastens; der Regelerklärung folgen didaktisch unterstützte **Lernaufgaben** (Aufgaben mit schwarzer Grundfläche: **1**, **2** usw.).
- Das zweite Blatt enthält **Übungsaufgaben** (Aufgaben mit weißer Grundfläche: [3], [4] usw.) zum jeweiligen Phänomen, die zunehmend anspruchsvoller werden.

Aufgrund des Aufbaus ergeben sich unterschiedliche **Einsatzmöglichkeiten** für die Arbeitsblätter:

- **differenzierend als Lehrwerksergänzung**: Nach der gemeinsamen Besprechung eines Grammatikphänomens, wie es im benutzten Lehrwerk dargestellt ist, können lernschwächere Schülerinnen und Schüler das erste Blatt nutzen, um sich die Regeln zu verdeutlichen; lernstärkere Schülerinnen und Schüler bearbeiten das zweite Blatt und erhalten so weitere Übungsmöglichkeiten.
- **zur gemeinsamen Wiederholung im Unterricht**: Die Bearbeitungszeit für ein zweiseitiges Arbeitsblatt beträgt circa zehn Minuten. Idealerweise zwei bis vier Wochen nach der Behandlung eines Grammatikphänomens kann mithilfe des ersten Blattes im Unterricht das Regelwissen wiederholt werden; die Bearbeitung des zweiten Blattes bietet sich jeweils als Hausaufgabe an.
- **zur selbstständigen Erarbeitung durch die Schülerinnen und Schüler**: Werden Wissenslücken in bestimmten Grammatikbereichen deutlich, nachdem die entsprechenden Phänomene behandelt und wiederholt wurden, können die Schülerinnen und Schüler entsprechende Arbeitsblätter auch selbstständig wiederholen – egal in welcher Klassenstufe; in diesem Fall können ihnen zur Selbstkorrektur auch die Lösungen ausgehändigt werden.

Diese Arbeitsblätter werden ergänzt um weitere Übungsblätter, auf denen verschiedene Grammatikbereiche zusammen behandelt werden und die zur weiteren Übung bzw. Vertiefung eingesetzt werden können. Vor dem Lösungsteil findet sich außerdem ein Evaluationsbogen, mit dem die Schülerinnen und Schüler ihren Lernerfolg überprüfen können; selbstverständlich können Sie diesen Evaluationsbogen auch als Test nutzen – etwa wenn man neu in die Klasse kommt –, um den Übungs- und Wiederholungsbedarf in einer Klasse zu ermitteln.

Viel Erfolg bei der Arbeit mit den Materialien in *Basics Deutsch – Grammatik*!

Stefan Schäfer

Nomen
Verb
Adjektiv
HS
NS

Merke: Verben (= Zeit- oder Tätigkeitswort) beschreiben Handlungen (z. B. *spielen, wandern*), Vorgänge (z. B. *wachsen, fallen*) oder Zustände (z. B. *liegen, wohnen*).
Nach der Art, wie Verben das Prädikat bilden, unterscheidet man u. a.:

- **Vollverben** bilden das alleinige Prädikat im Satz, z. B.: *Sie gehen in die Schule.*
- **Hilfsverben** (*haben, sein, werden*) bilden mit dem Infinitiv oder Partizip eines Verbs Personalformen, z. B.: *Sie werden in die Schule gehen. Sie sind in die Schule gegangen.*
- **Modalverben** (*dürfen, können, mögen, müssen, sollen, wollen)* bilden mit einem Infinitiv ohne *zu* das Prädikat, z. B. *Sie wollen in die Schule gehen. Sie müssen in die Schule gehen.*

Trägt das Verb eine Personenkennzeichnung, ist also bestimmt nach Person, Numerus (Einzahl oder Mehrzahl), Tempus (Zeit), Handlungsart (Aktiv oder Passiv) und Modus (Imperativ, Indikativ oder Konjunktiv), spricht man von der **Personalform** des Verbs oder von einer **finiten** (= bestimmten) **Verbform**.
Die **Grundform** des Verbs trägt keine Personenkennzeichnung; man spricht auch von einer **infiniten** (= unbestimmten) **Verbform**:

- **Infinitiv** (= Grund- oder Nennform), z. B. *sehen, probieren, abfahren, entspannen, lächeln, meckern*
- **Partizip I** (= Mittelwort der Gegenwart), z. B.: *sehend, probierend, abfahrend, entspannend, lächelnd, meckernd*
- **Partizip II** (= Mittelwort der Vergangenheit), z. B.: *gesehen, probiert, abgefahren, entspannt, gelächelt, gemeckert*

AUFGABE 1

Ordne die nachfolgenden Verben nach ihrer Bedeutung in die richtige Spalte der Tabelle ein (drei Verben pro Spalte).

stehen schreien einschlafen arbeiten verfaulen bleiben erblinden leben turnen

Handlungsverben	Vorgangsverben	Zustandsverben

AUFGABE 2

Ordne die nachfolgenden Beispiele für infinite Verbformen in die richtige Spalte der Tabelle ein (drei Verben pro Spalte).

diskutiert sein rufen gehend geliebt tun wartend verstanden lesend

Infinitiv	Partizip I	Partizip II

Nomen Verb Adjektiv

AUFGABE 3

Markiere in den folgenden Sätzen zunächst die Hilfs- und Modalverben. Kreuze anschließend an, ob es sich um ein Modal- oder um ein Hilfsverb handelt.

a) *Er musste nach der Schule noch zum Training gehen.* Hilfsverb ☐, Modalverb ☐

b) *Sie hat in der letzten Arbeit eine Zwei geschrieben.* Hilfsverb ☐, Modalverb ☐

c) *Nach seiner Magenverstimmung darf er nun endlich wieder alles essen.* Hilfsverb ☐, Modalverb ☐

d) *Nach dem Ende des Films sind sie sofort schlafen gegangen.* Hilfsverb ☐, Modalverb ☐

e) *Er wird das sicher für uns erledigen.* Hilfsverb ☐, Modalverb ☐

f) *Sie möchte zu dieser Angelegenheit nun endgültig nichts mehr sagen.* Hilfsverb ☐, Modalverb ☐

AUFGABE 4

Bilde zu den folgenden Verben jeweils das Partizip I und das Partizip II.

a) *hören* Partizip I: ______________ – Partizip II: ______________

b) *stehen* Partizip I: ______________ – Partizip II: ______________

c) *nehmen* Partizip I: ______________ – Partizip II: ______________

d) *reiten* Partizip I: ______________ – Partizip II: ______________

e) *winken* Partizip I: ______________ – Partizip II: ______________

f) *studieren* Partizip I: ______________ – Partizip II: ______________

AUFGABE 5

Nenne zu den Verbformen jeweils den Infinitiv.

a) *gib!* Infinitiv: ______________

b) *er aß* Infinitiv: ______________

c) *sie hatten gestritten* Infinitiv: ______________

d) *du ließest* Infinitiv: ______________

e) *er nähme* Infinitiv: ______________

f) *sei (still)!* Infinitiv: ______________

AUFGABE 6

Markiere in den folgenden Sätzen die finite(n) Verbform(en).

a) *Sie wollten in den Osterferien gemeinsam nach Italien fahren.*

b) *Nachdem nun endlich Ferien waren, durfte sie jeden Morgen ausschlafen.*

c) *Er konnte alle Vokabeln, die für den Test zu lernen waren, in- und auswendig.*

d) *Sie hatte für das Essen alles zu Hause und brauchte nicht mehr einkaufen zu gehen.*

e) *Er sagte, dass er erst später zur Party komme.*

Verben – Tempora

Merke: Im Deutschen gibt es sechs Tempora (= Zeitstufen), von denen das Präsens und Präteritum eigene Formen haben; die übrigen Tempora werden mit Hilfsverben gebildet:

Präsens	Perfekt	Präteritum	Plusquamperfekt	Futur I	Futur II
ich sehe	du hast gesehen	er sah	wir hatten gesehen	ihr werdet sehen	sie werden gesehen haben

AUFGABE 1

Die folgende Übersicht enthält die wichtigsten Verwendungsweisen der verschiedenen Tempora. Schreibe die fehlenden Beispielsätze an die richtige Stelle der Tabelle.

Er wird bald heiraten. – Er geht immer früh zu Bett. – Ich habe die Vokabeln gelernt (und kann sie jetzt). – Ich lerne (gerade) für die Mathearbeit. – Er ging schon seit drei Jahren auf diese Schule. – Rom ist die Hauptstadt von Italien.

Verwendung	Beispielsatz
Präsens wird gebraucht für:	
• ein gerade ablaufendes Geschehen	
• einen sich immer wiederholenden Vorgang	
• eine allgemeingültige Tatsache	
• ein zukünftiges Geschehen	*Morgen regnet es sicher.*
Perfekt wird gebraucht für: • die Verbindung von der Vergangenheit zur Gegenwart des Sprechers	
Präteritum wird gebraucht für: • Vorgänge, die in der Vergangenheit abgeschlossen sind, bzw. für Vergangenes	
Plusquamperfekt wird gebraucht für: • die Vorzeitigkeit in der Vergangenheit	*Der Film hatte schon angefangen (, als sie endlich kamen).*
Futur I wird gebraucht für:	
• einen künftigen Vorgang bzw. Zustand	
• Vermutungen oder Erwartungen	*Der Film wird ihnen bestimmt gefallen.*
Futur II wird gebraucht für: • ein abgeschlossenes Geschehen in der Zukunft (oft als Vermutung)	*Er wird die Vokabeln sicher schon gelernt haben.*

Verben – Tempora

AUFGABE 2

Vervollständige die Übersicht, indem du wie im Beispiel „Präsens“ die restlichen Verbformen in die Tabelle einträgst.

	fragen	**gehen**
Präsens	*ich frage, du fragst, er fragt, wir fragen, ihr fragt, sie fragen*	*ich gehe, du gehst, sie geht, wir gehen, ihr geht, sie gehen*
Perfekt	*ich habe gefragt, du hast gefragt, er hat gefragt,*	*ich bin gegangen, du bist gegangen, sie ist gegangen, wir sind gegangen, ihr seid gegangen,*
Präteritum	*ich fragte, du fragtest, er fragte,*	*ich ging, du gingst, sie ging,*
Plusquamperfekt	*ich hatte gefragt, du hattest gefragt, er hatte gefragt,*	*ich war gegangen, du warst gegangen, sie war gegangen,*
Futur I	*ich werde fragen, du wirst fragen, er wird fragen,*	*ich werde gehen, du wirst gehen, sie wird gehen,*
Futur II	*ich werde gefragt haben, du wirst gefragt haben, er wird gefragt haben,*	*ich werde gegangen sein, du wirst gegangen sein, sie wird gegangen sein,*

AUFGABE 3

Bestimme die folgenden Verbformen. – Beispiel: *wir hatten gewettet* → Bestimmung: 1. Person Plural Plusquamperfekt von „wetten“

a) *du hast gegeben* – Bestimmung: ______________________________

b) *ihr seid geschwommen* – Bestimmung: ______________________________

c) *ich werde lernen* – Bestimmung: ______________________________

d) *er las* – Bestimmung: ______________________________

AUFGABE 4

Bilde die angegebenen Verbformen.

a) 3. Person Plural Präteritum von „stehen“: ______________________________

b) 2. Person Singular Futur I von „vergessen“: ______________________________

c) 2. Person Plural Plusquamperfekt von „kommen“: ______________________________

d) 1. Person Singular Futur II von „essen“: ______________________________

e) 3. Person Plural Perfekt von „trainieren“: ______________________________

Verben – Aktiv/Passiv

Merke: Im Deutschen unterscheidet man zwei Handlungsarten (= Genera Verbi):

- Im **Aktiv** (= Tätigkeitsform) wird ein Geschehen oder eine Handlung vom Verursacher aus dargestellt. Der Handelnde (der/die/das Aktive) ist zugleich das Subjekt des Satzes, z. B.: *Die Polizei verhaftet den Dieb.*
- Im **Passiv** (= Leideform) wird eine Handlung vom Betroffenen (der/die/das Passive) aus dargestellt. Der Verursacher der Handlung oder des Geschehens kann ungenannt bleiben (= unpersönliches Passiv) oder mithilfe der Präpositionen *von* oder *durch* angeschlossen werden, z. B.: *Der Dieb wird [von der Polizei] verhaftet.*

	Präsens	**Perfekt**	**Präteritum**	**Plusquamperfekt**	**Futur I**	**Futur II**
Aktiv	ich sehe	du hast gesehen	er sah	wir hatten gesehen	ihr werdet sehen	sie werden gesehen haben
Passiv	ich werde gesehen	du bist gesehen worden	er wurde gesehen	wir waren gesehen worden	ihr werdet gesehen werden	sie werden gesehen worden sein

AUFGABE 1

In den folgenden Sätzen ist das Subjekt markiert. Kreuze an, ob das Subjekt „Täter" oder „Betroffener" ist. Entscheide anschließend, welche der Sätze im Passiv stehen.

a) *Die Straße wird von den Arbeitern geteert.* „Täter" ☐, „Betroffener" ☐

b) *Die Arbeiter werden die Straße teeren.* „Täter" ☐, „Betroffener" ☐

c) *Die Arbeiter teeren die Straße.* „Täter" ☐, „Betroffener" ☐

d) *Die Straße wird von den Arbeitern geteert werden.* „Täter" ☐, „Betroffener" ☐

e) *Die Straße wurde von den Arbeitern geteert.* „Täter" ☐, „Betroffener" ☐

f) *Die Arbeiter teerten de Straße.* „Täter" ☐, „Betroffener" ☐

Im Passiv stehen: Satz a) ☐ – Satz b) ☐ – Satz c) ☐ – Satz d) ☐ – Satz e) ☐ – Satz f) ☐

AUFGABE 2

Kreuze an, um welches Tempus es sich bei den folgenden Verbformen im Passiv handelt.
Tipp: Jedes Tempus kommt einmal vor.

	Präs.	Perf.	Prät.	Plusq.	Fut. I	Fut. II
a) *es wird diskutiert*						
b) *ihr wart gelobt worden*						
c) *sie werden verhaftet werden*						
d) *ihr werdet vergessen worden sein*						
e) *du bist gelobt worden*						
f) *sie wurden trainiert*						

AUFGABE 3

Bilde aus den Passivsätzen Sätze im Aktiv. Markiere sowohl im Passiv- als auch im Aktivsatz das Subjekt. – Beispiel: *Der Angeklagte wird vom Gericht verurteilt.* → *Der Angeklagte wird vom Gericht verurteilt.* – Aktivsatz: *Das Gericht verurteilt den Angeklagten.*

a) *Der Brand wird durch die Feuerwehr gelöscht.* – Aktivsatz: ______________________

____

b) *Vom Arzt wird ein Rezept ausgestellt.* – Aktivsatz: ______________________

____

c) *Die Veranstaltung wird durch den Präsidenten eröffnet.* – Aktivsatz: ______________________

____

d) *Der Vertrag wird von den Geschäftspartnern geprüft und unterschrieben.* – Aktivsatz:

____

AUFGABE 4

Formuliere die Aktivsätze in Passivsätze um. Achte auf das Tempus. – Beispiel: *Die Katze hatte eine Maus gefangen.* → *Eine Maus war* (*von der Katze*) *gefangen worden.*

a) *Das Theater zeigte ein Stück von George Tabori.* ______________________

____

b) *Der Notarzt wird die Verletzten versorgen.* ______________________

____

c) *Journalisten decken einen Skandal auf.* ______________________

____

d) *Das Fernsehen hat die Teilnehmer des Wettkampfs interviewt.* ______________________

____

e) *Die Lehrerin hatte die Kenntnisse der Schüler geprüft.* ______________________

____

f) *Die Schüler werden ihre Hausaufgaben gemacht haben.* ______________________

____

AUFGABE 5

Handelt es sich bei den folgenden Sätzen um Aktiv- oder um Passivsätze? Kreuze an.

a) *Sie werden die Bratwürste essen.* Aktiv ☐, Passiv ☐

b) *Die Party war lustig gewesen.* Aktiv ☐, Passiv ☐

c) *Es wurde bis zum späten Abend gefeiert.* Aktiv ☐, Passiv ☐

d) *Darauf hatten sie sich gefreut.* Aktiv ☐, Passiv ☐

e) *Auch die nächste Party wird von Carmen organisiert werden.* Aktiv ☐, Passiv ☐

f) *Am nächsten Tag ist der Klassenraum aufgeräumt worden.* Aktiv ☐, Passiv ☐

Verben – Modus

Merke: Im Deutschen werden drei Aussageweisen des Verbs (= Modus, Mehrzahl: Modi) unterschieden:

- **Indikativ** (= Wirklichkeitsform): Der Sprecher drückt aus, dass etwas wirklich geschieht bzw. Tatsache ist. – *Lea kommt gerade.*
- **Konjunktiv** (= Möglichkeitsform): Der Sprecher drückt aus, dass seine Aussage eine Möglichkeit darstellt oder ein Wunsch ist. – *Wenn Lea doch käme/kommen würde.*
- **Imperativ** (= Befehlsform): Der Sprecher äußert einen direkten Befehl und formuliert eine direkte Aufforderung. – *Lea, komm jetzt bitte.*

Der Konjunktiv kommt in zwei Formen vor:
• Der **Konjunktiv I** wird vom Infinitiv eines Verbs gebildet (Verbstamm + e + Personalendung): *du geh-e-st* (Indikativ: *du gehst*); *er habe, werde, sei* (Indikativ: *er hat, wird, ist*); er dient hauptsächlich zur Kennzeichnung der indirekten Rede, z. B.: *Er sagte, dass Lea jetzt komme.*
• Der **Konjunktiv II** wird vom Präteritumstamm gebildet (Verbstamm im Präteritum + e + Personalendung): *du ging-e-st* (Indikativ: *du gingst*); *er hätte, würde, wäre* (Indikativ: *er hatte, wurde, war*); er dient hauptsächlich zur Kennzeichnung irrealer (= nicht wirklicher) Sachverhalte, z. B.: *Wenn Lea jetzt käme, könnte ich sie zum Tanzen auffordern.*
In der Umgangssprache wird der Konjunktiv II oft durch eine **Umschreibung mit *würde*** ersetzt, z. B. *sie würde kommen* statt *sie käme.*

AUFGABE 1

Vervollständige die beiden Sätze (Konjunktiv und Imperativ) in der Tabelle. Orientiere dich am Merkkasten.

Indikativ	Konjunktiv	Imperativ
Paul steht auf.	*Wenn Paul doch*	*Paul,*

AUFGABE 2

Viele starke Verben haben einen gebräuchlicheren Konjunktiv II, den man im Schriftlichen auch verwenden sollte. Ordne die nachfolgenden Verbformen im Konjunktiv II den richtigen Infinitiven zu.

vergäße bäte stände böte zöge geschähe läge
brächte träfe fände nähme führe läse sänge

a) *bieten*: ______________________ b) *bringen*: ______________________
c) *bitten*: ______________________ d) *fahren*: ______________________
e) *finden*: ______________________ f) *geschehen*: ______________________
g) *lesen*: ______________________ h) *liegen*: ______________________
i) *nehmen*: ______________________ j) *stehen*: ______________________
k) *ziehen*: ______________________ l) *treffen*: ______________________
m) *vergessen*: ______________________ n) *singen*: ______________________

AUFGABE 3

Kreuze an, in welchem Modus die markierte Verbform jeweils steht.

a) *Kommt jetzt bitte alle einmal hier nach vorne.* – Indikativ ☐, Konjunktiv ☐, Imperativ ☐

b) *Wenn ich mit der Schule fertig bin, mache ich eine Lehre als Tischler.* – Indikativ ☐, Konjunktiv ☐, Imperativ ☐

c) *Er nimmt sich noch ein Stückchen Kuchen.* – Indikativ ☐, Konjunktiv ☐, Imperativ ☐

d) *Wenn ich Zeit hätte, würde ich noch schnell vorbeikommen.* – Indikativ ☐, Konjunktiv ☐, Imperativ ☐

e) *Sieh dir das bloß einmal an, Jacob!* – Indikativ ☐, Konjunktiv ☐, Imperativ ☐

f) *Dass hätte ich aber nicht gemacht!* – Indikativ ☐, Konjunktiv ☐, Imperativ ☐

g) *Das müsste doch eigentlich mit dem Teufel zugehen!* – Indikativ ☐, Konjunktiv ☐, Imperativ ☐

h) *Sie musste heute schon sehr früh aufstehen.* – Indikativ ☐, Konjunktiv ☐, Imperativ ☐

i) *Seid doch endlich einmal still dahinten!* – Indikativ ☐, Konjunktiv ☐, Imperativ ☐

j) *Wenn es am Wochenende nicht regnet, können wir in die Berge fahren.* – Indikativ ☐, Konjunktiv ☐, Imperativ ☐

AUFGABE 4

Schreibe fünf Dinge auf, die du tun würdest, wenn du Millionär wärst. Verwende bei gebräuchlichen Verben die reguläre Konjunktiv II-Form.

Wenn ich Millionär wäre, dann

1. ______________________________
2. ______________________________
3 ______________________________
4. ______________________________
5. ______________________________

AUFGABE 5

Kreuze an, ob es sich bei den Verbformen um eine Form im Konjunktiv I oder im Konjunktiv II handelt.

a) *sie käme*	Konjunktiv I ☐	Konjunktiv II ☐
b) *er sage*	Konjunktiv I ☐	Konjunktiv II ☐
c) *du sähest*	Konjunktiv I ☐	Konjunktiv II ☐
d) *ihr fraget*	Konjunktiv I ☐	Konjunktiv II ☐
e) *sie wären*	Konjunktiv I ☐	Konjunktiv II ☐
f) *sie seien*	Konjunktiv I ☐	Konjunktiv II ☐

Verben – Indirekte Rede I

Merke: In der **indirekten Rede** wird ein Zitat aus der Perspektive des Sprechers der indirekten Rede wiedergegeben. Die indirekte Rede ist also eine umgewandelte wörtliche Rede; wie bei der wörtlichen Rede gibt es einen Einleitungssatz (*Sie sagte, dass …*).
Bei der Umwandlung der wörtlichen in eine indirekte Rede werden
- alle **Pronomina sowie die Zeit- und Ortsangaben der Perspektive des Sprechers** angepasst (*Sie sagte: „Ich fahre nächste Woche nach München." → Sie sagte mir, dass sie diese Woche hier in München sei.*)
- alle **flektierten Verbformen im Konjunktiv** wiedergegeben (*Sie sagte mir, dass sie diese Woche hier in München sei.*). Die reguläre Form ist dabei der Konjunktiv I.

Werden **Fragesätze** in die indirekte Rede umgeformt, werden sie entweder mit dem Fragewort eingeleitet (*„Was tust du?" → Er fragte mich, was ich tue.*) oder, bei Satzfragen, mit dem Wort *ob* (*„Kommst du heute?" → Er fragte mich, ob ich heute komme.*).
Aufforderungssätze werden in der indirekten Rede mit einer Form des Modalverbs *sollen* eingeleitet (*„Komm doch bitte heute!" → Er bat mich, ich solle doch bitte heute kommen.*).

AUFGABE 1

Forme jeweils die wörtliche Rede in die indirekte Rede um. Achte bei der Umformung besonders auf die unterstrichenen Wörter. **Achtung:** Wenn sich die Verbform im Konjunktiv I nicht vom Indikativ unterscheidet, verwendet man auch häufig den Konjunktiv II.

a) *Julia sagte zu Peter: „Morgen komme ich zu dir." →*
Julia sagte zu Peter, dass ______________________

b) *Julia sagte gestern zu Peter: „Morgen komme ich zu dir." →*
Julia sagte gestern zu Peter, dass ______________________

c) *Julia sagte gestern zu Peter: „Morgen komme ich zu dir." →*
Ich sagte gestern zu Peter, dass ______________________

d) *Julia sagte gestern zu Peter: „Morgen komme ich zu dir." →*
Julia sagte mir gestern, dass ______________________

AUFGABE 2

Forme die indirekte Rede in eine direkte Rede um. – Beispiel: *Sie fragte, ob sie noch ein Stück Kuchen bekommen könne. → Sie fragte: „Kann ich noch ein Stück Kuchen bekommen?"*

a) *Sie fragte ihre Mutter, was es zum Abendessen gebe.* ______________________

____

b) *Sie bat ihren Freund, er solle bitte das Fenster schließen.* ______________________

____

c) *Er fragte seinen Freund, ob er den Film schon gesehen habe.* ______________________

____

AUFGABE 3

Forme jeweils die wörtliche Rede in die indirekte Rede um.

a) *Er meinte: „Da wird Clara schon Recht haben."* ____________________

____

b) *Sie sagte zu ihm: „Lass mich doch mit diesem Gerede in Ruhe!"* ____________________

____

c) *Sie fragte am Kiosk: „Gibt es noch eine Tageszeitung von heute?"* ____________________

____

d) *Carolin hat mir erzählt: „Ich gehe jede Woche einmal ins Schwimmbad."* ____________________

____

e) *Sie fragte ihren Bruder: „Was hast du denn in der Klassenarbeit geschrieben?"* ____________________

____

f) *Er forderte sie auf: „Schreib ja nie wieder meine Hausaufgaben ab!"* ____________________

____

g) *Die Lehrerin sagte zu Jan und Lisa: „Hört sofort auf zu streiten!"* ____________________

____

Merke: In der indirekten Rede kommt es häufig vor, dass eine Verbform im Konjunktiv mit einer Verbform im Indikativ oder Konjunktiv identisch ist. Dann werden Ersatzformen verwendet:

- Ist der Konjunktiv I mit dem Indikativ identisch, wird der Konjunktiv II verwendet, z. B.: *Ich sagte ihm: „Ich fliege gerne."* → *Ich sagte ihm, dass ich gerne fliege.* (*ich fliege*: Indikativ Präsens = Konjunktiv I) → *Ich sagte ihm, dass ich gerne flöge.* (*flöge*: Konjunktiv II.)
- Ist der Konjunktiv II mit dem Indikativ Präteritum identisch, wird die *würde*-Umschreibung verwendet, z. B.: *Ich sagte ihm: „Ich renne um mein Leben."* → *Ich sagte ihm, dass ich um mein Leben renne.* (*ich renne*: Indikativ Präsens = Konjunktiv I) → *Ich sagte ihm, dass ich um mein Leben rannte.* (*ich rannte*: Indikativ Präteritum = Konjunktiv II) → *Ich sagte ihm, dass ich um mein Leben rennen würde.*

AUFGABE 4

Entscheide, welcher der Sätze in indirekter Rede jeweils korrekt ist.

a) *Ich sagte: „Ich habe keine Lust."*

Ich sagte, dass ich keine Lust habe. richtig ☐
Ich sagte, dass ich keine Lust hätte. richtig ☐
Ich sagte, dass ich keine Lust haben würde. richtig ☐

b) *Ich sagte: „Mein Freunde laufen alle viel schneller."*

Ich sagte, dass meine Freunde alle viel schneller laufen. richtig ☐
Ich sagte, dass meine Freunde alle viel schneller liefen. richtig ☐
Ich sagte, dass meine Freunde alle viel schneller laufen würden. richtig ☐

Verben – Indirekte Rede II

Merke: Auch in der indirekten Rede werden drei **Zeitstufen** unterschieden:

- **Gegenwart**
  Er sagte: „Ich bin in der Nähe und komme jetzt bald.“ (Indikativ Präsens) → *Er sagte zu mir, dass er in der Nähe sei und jetzt bald komme.* (**Konjunktiv Präsens**)
- **Vergangenheit**
  Er sagte: „Ich war in der Nähe und kam dann bald.“ (Indikativ Präteritum) → *Er sagte zu mir, dass er in der Nähe gewesen sei und dann bald käme.“* (**Konjunktiv Präteritum**)
  Er sagte: „Ich habe ihn gesehen.“ (Indikativ Perfekt) → *Er sagte zu mir, dass er ihn gesehen habe.* (**Konjunktiv Perfekt**)
- **Zukunft**
  Er sagte: „Ich werde in der Nähe sein und dann bald kommen.“ (Indikativ Futur) → *Er sagte zu mir, dass er in der Nähe sein werde und dann bald kommen werde/würde.* (**Konjunktiv Futur**)

Wenn man **längere Redepassagen** (z. B. aus einem mündlichen Bericht oder auch aus einem literarischen Text) in indirekter Rede wiedergeben möchte, sollte man die redeeinleitenden Verben abwechseln (nicht immer *sagen*, sondern auch *meinen, zu bedenken geben, anregen, zustimmen, bestätigen* usw.).
In längeren Passagen indirekter Rede genügt auch oft der **Konjunktiv I als alleiniges Kennzeichen** der indirekten Rede, d. h. dass man den redeeinleitenden Satz auch ganz weglassen kann, z. B.: *Der Sportler sagte, dass er sehr glücklich über seinen Sieg sei. Er habe sich nicht richtig auf den Wettkampf vorbereiten können. Auch sei es schwer gewesen, das Leistungsvermögen der Konkurrenten im Vorfeld richtig einzuschätzen. Seine Trainer hätten ihm aber immer Mut gemacht.*

AUFGABE 1

Kreuze an, welche Zeitstufen die folgenden indirekten Reden wiedergeben.

	Gegenwart	Vergangenheit	Zukunft
a) Er sagte, dass sie hier am Bodensee sei.			
b) Sie meinte, dass sie jetzt endlich mehr Zeit für ihre Freunde und die Familie habe.			
c) Er meinte, dass sie ihn früher öfters mal getroffen habe.			
d) Er sagte, dass er sie gleich treffe.			
e) Sie sagte, dass sie im Sommer wahrscheinlich nach Barcelona fahren würde.			
f) Sie sagte, dass die anderen schon schliefen.			
g) Er sagte, dass er noch nie in Amerika gewesen sei.			
h) Sie sagte, dass sie nach der Schule ins Ausland gehen werde.			

AUFGABE 2

Forme jeweils die indirekte Rede (aus **AUFGABE 1**) in die wörtliche Rede um. Achte auf das richtige Tempus (Zeitstufen).

a) *Er sagte, dass sie hier am Bodensee sei.* ____________________

____

b) *Sie meinte, dass sie jetzt endlich mehr Zeit für ihre Freunde und die Familie habe.* ____________________

____

c) *Er meinte, dass sie ihn früher öfters mal getroffen habe.* ____________________

____

d) *Er sagte, dass er sie gleich treffe.* ____________________

e) *Sie sagte, dass sie im Sommer wahrscheinlich nach Barcelona fahren würde.* ____________________

____

f) *Sie sagte, dass die anderen schon schliefen.* ____________________

____

g) *Er sagte, dass er noch nie in Amerika gewesen sei.* ____________________

____

h) *Sie sagte, dass sie nach der Schule ins Ausland gehen werde.* ____________________

____

AUFGABE 3

Gib die folgende Äußerung in indirekter Rede wieder. Variiere die redeeinleitenden Verben bzw. verzichte gelegentlich ganz auf den redeeinleitenden Satz.

Schülerin: „Ich weiß auch nicht genau, wie sich die ganze Sache abgespielt hat. Wir sind in Zweierreihen gefahren. Plötzlich ist Sven ausgeschert. Vielleicht waren ihm die anderen zu langsam. Ich weiß es nicht. Jedenfalls hat er die Reihe verlassen und ist links weggefahren und wollte die beiden vor uns überholen. Ich selbst habe mich erst mal auf meine Vorderleute konzentriert. Plötzlich sehe ich, wie ein anderer Skifahrer von hinten in Sven reinfährt. Der war viel schneller. Beide sind gestürzt."

Die Schülerin sagte, ____________________

____

____

____

____

____

____

____

Nomen und Adjektive

Merke: **Nomen** (= Substantive, Hauptwörter) bezeichnen: Menschen, z. B. *Schülerin, Richter*; andere Lebewesen, z. B. *Hund, Fliege*; Gegenstände, z. B. *Tulpe, Tisch*; Erscheinungen und Eigenschaften, z. B. *Liebe, Verwandtschaft.*

Adjektive (= Eigenschaftswörter) beschreiben das Aussehen, den Zustand, das Verhalten oder die Eigenschaften von Lebewesen oder Dingen, z. B.: *das schöne Haus, das gelbe Haus.* Adjektive kann man **steigern**, z. B.: *schön* (Grundform) – *schöner* (1. Steigerungsform, Komparativ) – *am schönsten* (2. Steigerungsform, Superlativ).

Adjektive, die ein Nomen bestimmen, sind immer zugleich auch **Attribute**, d. h. nähere Bestimmungen zu diesem Nomen. Man sagt dann, das Adjektiv wird **attributiv** gebraucht, z. B.: *Er aß ein gesundes Essen. Sie fuhr ein schnelles Auto.* In diesem Fall richten sich die Adjektive in Anzahl und Fall nach ihrem Bezugswort, das heißt Adjektive können ihre Form verändern, z. B.: *das schöne Haus, ein schönes Haus, die schönen Häuser.*

Adjektive können aber auch ein Verb näher bestimmen, sie werden dann wie ein **Adverb** gebraucht. Man sagt deshalb dann, das Adjektiv wird **adverbial** gebraucht, z. B.: *Er aß gesund. Sie fuhr schnell nach Hause.*

AUFGABE 1

Ordne die folgenden Nomen der richtigen Spalte in der Tabelle zu.

Stift Härte Giraffe Computer Arbeiter Schlange Hass
Witwe Glas Taube Abfahrt Mann Kind Fisch Glauben Nagel

Menschen	Lebewesen	Gegenstände	Erscheinungen

AUFGABE 2

Ergänze in der Tabelle die fehlenden Grund- bzw. Steigerungsformen.

Grundform	1. Steigerungsform	2. Steigerungsform
reich		
	älter	
		am längsten
nahe		
	besser	
		am höchsten

Nomen und Adjektive

AUFGABE 3

Aufgrund ihrer Bedeutung kann man einige wenige Eigenschaftswörter nicht steigern, z. B. *tot* (entweder ist z. B. ein Vogel tot oder nicht, ein Vogel kann aber nicht „toter" als ein anderer Vogel sein) oder *rund*. Unter den folgenden Adjektiven finden sich drei, die man nicht steigern kann. Schreibe sie heraus.

klein	*fleißig*	*schriftlich*	*breit*	*dick*	*ledig*	*flüssig*	*zäh*	*laut*	*schwer*	*deutsch*

Adjektive, die man nicht steigern kann: ______________________________

AUFGABE 4

In jedem der folgenden Sätzen kommt jeweils ein Adjektiv vor. Unterstreiche es.

a) *Die junge Katze spielte im Garten mit einem Ball.*

b) *Weil er gelernt hatte, bereitete ihm der Test am Dienstag keine großen Sorgen.*

c) *Die Lehrerin war mit dem Ergebnis der Klassenarbeit zufrieden.*

d) *Langweilig wurde es ihr nie, wenn sie durch den Wald ging.*

e) *Die Klasse kam von ihrem Ausflug frühzeitig zurück.*

f) *Das Spiel gefiel ihm von Mal zu Mal immer besser.*

AUFGABE 5

In den folgenden Wortreihen ist jeweils ein Adjektiv versteckt. Unterstreiche das Adjektiv.

a) *durch – dann – denn – dicht – dessen*

b) *lieb – längs – lügt – links – leben*

c) *sechs – stehen – seither – saftig – sie*

d) *gearbeitet – gegen – gehen – genau – Gicht*

e) *reist – einst – weinst – dreist – scheinst*

f) *während – ernähren – gären – sehr – fair*

AUFGABE 6

Kreuze an, ob das markierte Adjektiv in den Sätzen attributiv oder adverbial gebraucht wird.

		attributiv	**adverbial**
a)	*Sie mieteten sich am Flughafen ein schnelles Auto.*	☐	☐
b)	*Sie mieteten sich am Flughafen schnell ein Auto.*	☐	☐
c)	*Er sang laut mit.*	☐	☐
d)	*Er hörte laute Musik.*	☐	☐
e)	*Sie kochte gut.*	☐	☐
f)	*Sie kochte ihren Gästen ein gutes Essen.*	☐	☐
g)	*Sie wohnten sehr schön.*	☐	☐
h)	*Sie wohnten in einem sehr schönen Haus.*	☐	☐

Adverbien

Merke: **Adverbien** (= Umstandswörter; Einzahl: Adverb) bezeichnen die genaueren Umstände einer Handlung oder einer Sache, z. B.:
Er ist sehr reich. – Hier musst du abbiegen. – Sie gewinnen vielleicht.
Im Gegensatz zu den Adjektiven kann man Adverbien nicht verändern und steigern. Um also ein Adverb von einem Adjektiv zu unterscheiden, muss man prüfen, welches der Wörter sich steigern bzw. verändern lässt, z. B.:
Er liebt sie innig. → die innige Liebe, inniger, am innigsten: innig ist ein Adjektiv
Er liebt sie sehr. → die ~~sehre~~ Liebe, ~~sehrer~~, ~~am sehresten~~: sehr ist ein Adverb

Nach ihrer Bedeutung lassen sich verschiedene **Arten von Adverbien** unterscheiden. Wichtige Gruppen sind:

- **Temporaladverbien** (= Zeitadverbien; Fragen: Wann? Wie lange? Wie oft? Seit wann?), z. B.: *heute, morgen, immer, stets, oft*
- **Lokaladverbien** (= Ortsadverbien; Fragen: Wo? Woher? Wohin?), z. B.: *hier, da, daher, hierhin, irgendwo*
- **Modaladverbien** (= Adverbien der Art und Weise; Fragen: Wie? Womit?), z. B.: *anders, so, genug, freilich, doch*
- **Kausaladverbien** (= Adverbien des Grundes; Fragen: Warum? Unter welcher Bedingung? Mit welchen Folgen?), z. B.: *also, sonst, trotzdem, dazu*

AUFGABE 1

Prüfe, ob es sich bei den markierten Wörtern um Adjektive (Eigenschaftswörter) oder Adverbien (Umstandswörter) handelt. Kreuze an.

a) *Er kam gesund aus dem Urlaub zurück.* Adjektiv ☐, Adverb ☐
b) *Er traf neulich einen früheren Mitschüler.* Adjektiv ☐, Adverb ☐
c) *Sie gingen zusammen ins Kino.* Adjektiv ☐, Adverb ☐
d) *Sie entschieden das ganz spontan.* Adjektiv ☐, Adverb ☐
e) *Sie wollten heute im Garten essen.* Adjektiv ☐, Adverb ☐
f) *Sie gingen oft ins Kino.* Adjektiv ☐, Adverb ☐
g) *Er arbeitete den ganzen Tag wie verrückt.* Adjektiv ☐, Adverb ☐

AUFGABE 2

Ordne die nachfolgenden Adverbien nach ihrer Bedeutung in die richtige Spalte der Tabelle ein (drei Adverbien pro Spalte).

halbwegs selten dennoch da seitdem wohin folglich sehr bislang deswegen zutiefst aufwärts

Temporaladverbien	Lokaladverbien	Modaladverbien	Kausaladverbien

Adverbien

AUFGABE 3

Formuliere die Frage, auf die das markierte Adverb in den folgenden Sätzen antwortet. Benenne anschließend die Adverbart (z. B. Temporal- oder Lokaladverb).

a) *Sie gingen nach draußen.* Frage: ______ – Adverbart: ______

b) *Inzwischen kam Paul.* Frage: ______ – Adverbart: ______

c) *Sie trafen sich trotzdem.* Frage: ______ – Adverbart: ______

d) *Sie fand ihn nirgends.* Frage: ______ – Adverbart: ______

e) *Er aß gern Spaghetti.* Frage: ______ – Adverbart: ______

f) *Sie fanden irgendwie nach Hause.* Frage: ______ – Adverbart: ______

g) *Er machte sich deshalb auch keine Sorgen.* Frage: ______ – Adverbart: ______

h) *Bisher kam er gut zurecht.* Frage: ______ – Adverbart: ______

AUFGABE 4

In den folgenden Wortreihen ist jeweils ein Adverb versteckt. Unterstreiche das Adverb.

a) *während – ernähren – gären – sehr – fair*

b) *lieb – entlang – lügt – links – leben*

c) *sechs – stehen – seither – saftig – sie*

d) *gearbeitet – gegen – gehen – genauso – gut*

e) *reist – einst – weinst – dreist – scheinst*

f) *durch – du – denn – dicht – dann*

AUFGABE 5

Die folgenden Sätze enthalten ein oder mehrere Adverbien. Die Zahl in der Klammer gibt an, wie viele Adverbien jeweils im Satz vorkommen. Schreibe die Adverbien heraus.

	Adverbien
a) *Jetzt geht es aufwärts!* (2)	
b) *Dienstags hatte sie meistens überhaupt keine Zeit.* (3)	
c) *Unterdessen hatte er alles auf morgen verschoben.* (2)	
d) *Auch auf diese Frage wusste sie jedoch keine halbwegs befriedigende Antwort.* (3)	
e) *Er rannte blindlings geradeaus und wäre folglich fast gestürzt.* (4)	

Pronomen

Merke: **Pronomen** (= Fürwörter) stehen stellvertretend für bestimmte Personen, Lebewesen, Gegenstände oder gedachte und vorgestellte Dinge. Sie vertreten im Satz dann die entsprechenden Nomen (= Substantive) bzw. Nominalgruppen (= Substantivgruppen). Man unterscheidet sieben Arten von Pronomen:

- **Personalpronomen** (= persönliche Fürwörter): *ich, du, er, sie, wir …*
- **Possessivpronomen** (= besitzanzeigende Fürwörter): *mein, dein, euer, ihr, unser …*
- **Demonstrativpronomen** (= hinweisende Fürwörter): *dies, dieser …; solche, solches …; dasselbe, dieselbe …*
- **Relativpronomen** (= bezügliche Fürwörter): *der, die …; welches, welchem …*
- **Indefinitpronomen** (= unbestimmte Fürwörter): *etwas, man, niemand, jeder …*
- **Interrogativpronomen** (= Fragefürwörter): *Wer, Wem, Welcher …*
- **Reflexivpronomen** (= rückbezügliche Fürwörter): *sich verschlucken, wir treffen uns , ich wasche mich …*

AUFGABE 1

Die meisten Pronomen lassen sich deklinieren. In der folgenden Tabelle findest du die Formen der Personalpronomen im Singular. Ergänze die Tabelle, indem du die fehlenden Formen an die richtige Stelle schreibst.

Ihnen *dir* *ihrer* *meiner* *ihn* *ihm*

	1. Person	2. Person neutral	2. Person höflich	3. Person Maskulinum	3. Person Femininum	3. Person Neutrum
Nominativ	*ich*	*du*	*Sie*	*er*	*sie*	*es*
Genitiv		*deiner*	*Ihrer*	*seiner*		*seiner*
Dativ	*mir*			*ihm*	*ihr*	
Akkusativ	*mich*	*dich*	*Sie*		*sie*	*es*

AUFGABE 2

Kreuze an, um welche Art von Pronomen es sich bei den markierten Wörtern jeweils handelt.

a) *Ich gehe früher.* – Personalpronomen ☐, Indefinitpronomen ☐, Possessivpronomen ☐

b) *Das ist doch sein Mantel!* – Personalpronomen ☐, Possessivpronomen ☐, Reflexivpronomen ☐

c) *Ich frage Sie, Frau Huber!* – Personalpronomen ☐, Possessivpronomen ☐, Reflexivpronomen ☐

d) *Da ist doch jemand.* – Possessivpronomen ☐, Indefinitpronomen ☐, Reflexivpronomen ☐

e) *Das traue ich mich wirklich nicht.* – Possessivpronomen ☐, Reflexivpronomen ☐, Indefinitpronomen ☐

f) *Ich würde Ihnen das Buch empfehlen!* – Personalpronomen ☐, Reflexivpronomen ☐, Possessivpronomen ☐

Pronomen

AUFGABE 3

Schreibe aus den folgenden Sätzen alle Pronomen heraus. Die Zahl in der Klammer gibt an, wie viele Pronomen jeweils im Satz vorkommen.

a) *Wir kennen uns schon lange.* – Pronomen (2): ______________________________

b) *Es freut mich, dass ich dich hier treffe.* – Pronomen (4): ______________________________

c) *Wen willst du eigentlich mit deinem Verhalten beeindrucken?* – Pronomen (3):

____

d) *Das ist mein Heft, nicht deines.* – Pronomen (3): ______________________________

e) *Manche können das einfach nicht verstehen.* – Pronomen (2): ______________________________

f) *Dies ist eine Frage, die alle und nicht nur mich interessiert.* – Pronomen (4):

____

g) *Um sie zu gewinnen, brauchen wir etwas Lustiges.* – Pronomen (3): ______________________________

h) *Sie verabschiedeten sich von ihnen, nachdem der Film, den sie gemeinsam angesehen hatten, zu Ende war.* – Pronomen (5): ______________________________

Beachte: Das Wort *das* kann sowohl Artikel als auch Relativpronomen und auch Demonstrativpronomen sein. Um diese Wortarten nicht zu verwechseln, gibt es zwei einfache Austauschproben:

- Wenn man statt *der, die, das* usw. *dieser, diese, dies* usw. einsetzen kann, handelt es sich um ein Demonstrativpronomen: *Das ist doch das Allerletzte!* → *Das* (= dies) *ist doch das Allerletzte!*
- Wenn man statt *der, die, das* usw. *welcher, welch, welches* usw. einsetzen kann, handelt es sich um ein Relativpronomen: *Das war der Mann, den ich gesehen habe.* → *Das war der Mann, den* (= welchen) *ich gesehen habe.*

AUFGABE 4

Überprüfe mithilfe der Austauschproben, ob es sich bei den markierten Wörtern um Artikel, Demonstrativpronomen oder Relativpronomen handelt. Kreuze an.

a) *Er hatte <u>das</u> Glück gepachtet.* – Artikel ☐, Demonstrativpronomen ☐, Relativpronomen ☐

b) *<u>Das</u> war aber Glück!* – Artikel ☐, Demonstrativpronomen ☐, Relativpronomen ☐

c) *Er hatte <u>das</u> Glück, sich nicht verirrt zu haben.* – Artikel ☐, Demonstrativpronomen ☐, Relativpronomen ☐

d) *Er hatte das Glück, <u>das</u> anderen fehlte.* – Artikel ☐, Demonstrativpronomen ☐, Relativpronomen ☐

e) *Er konnte <u>das</u> vor lauter Glück nicht glauben.* – Artikel ☐, Demonstrativpronomen ☐, Relativpronomen ☐

f) *<u>Das</u> Glück möchte ich auch einmal haben!* – Artikel ☐, Demonstrativpronomen ☐, Relativpronomen ☐

g) *<u>Das</u> Glück war ihm hold.* – Artikel ☐, Demonstrativpronomen ☐, Relativpronomen ☐

Präpositionen und Konjunktionen

Merke: **Präpositionen** (= Verhältniswörter) geben an, in welchem räumlichen, zeitlichen oder logischen Verhältnis eine Sache zu einer anderen steht. Die Präpositionen gehören zu den unveränderbaren Wortarten, bestimmen aber den Fall (Kasus) ihres Bezugswortes. Nach ihrer Bedeutung lassen sich Untergruppen unterscheiden:

- **Präpositionen des Ortes**: *in, aus, entlang, nahe, inmitten, jenseits, längs, neben …*
- **Präpositionen der Zeit**: *seit, während, nach, zwischen, binnen, um …*
- **Präpositionen des Grundes bzw. der Ursache**: *aufgrund, halber, infolge, aus, durch …*

Konjunktionen (= Bindewörter) verbinden Wörter, Wortgruppen, Satzglieder sowie Sätze. Ihrer Form nach unterscheidet man zunächst zwischen:

- einteiligen Konjunktionen: *und, aber, sondern, weil, da, obwohl …*
- mehrteiligen Konjunktionen: *weder … noch, sowohl … als auch/wie auch …*

Nach ihrer Aufgabe unterscheidet man außerdem zwischen nebenordnenden und unterordnenden Konjunktionen.

- **Nebenordnende Konjunktionen** wie *und, aber, beziehungsweise, entweder … oder* usw. verbinden gleichrangige Wörter, Wortgruppen oder Teilsätze:
  Er trinkt seinen Kaffee mit Milch und Zucker. (*Milch* und *Zucker* sind gleichrangig) – *Er trinkt seinen Kaffee mit Milch, aber ohne Zucker. – Er trinkt seinen Kaffee mit Milch und Zucker, denn er mag sowohl Milch als auch Zucker* (*denn* verbindet zwei gleichrangige Nebensätze).
- **Unterordnende Konjunktionen** wie *weil, während, dass, damit* usw. verbinden Haupt- und Gliedsätze:
  Er trinkt seinen Kaffee mit Milch und Zucker, weil er ihn so am liebsten mag. – Während er seinen Kaffee trinkt, isst er ein Honigbrot. (*weil* und *während* leiten jeweils einen Nebensatz ein)

AUFGABE 1

Ergänze in den folgenden Sätzen die passende Präposition.

a) *Er kletterte* ____________ *den Baum.*

b) *Sie nahm sich ein Buch* ____________ *dem Regal.*

c) *Sie fuhren am Wochenende* ____________ *die Berge.*

d) *Er lebte schon seit Jahren* ____________ *Donauwörth.*

e) *Sie regte sich* ____________ *ihn furchtbar auf.*

f) *Bevor er losging, stellte er sich noch schnell* ____________ *die Dusche.*

g) *In den Ferien wollten sie* ____________ *Spanien fliegen.*

h) *Der Ball ging* ____________ *dem Tor vorbei.*

i) *Die Maus verschwand sofort* ____________ *dem Sofa.*

AUFGABE 2

Eine der folgenden Konjunktionen fordert einen zweiten Bestandteil, gehört also zu den mehrteiligen Konjunktionen. Unterstreiche diese Konjunktion.

sowie	*beziehungsweise*	*indem*	*entweder*	*denn*	*jedoch*	*nachdem*	*sodass*

Präpositionen und Konjunktionen

AUFGABE 3

Kreuze an, ob es sich bei den markierten Konjunktionen um neben- oder unterordnende Konjunktionen handelt.

a) *Kommst du uns heute noch besuchen oder doch erst morgen?* – nebenordnend ☐, unterordnend ☐

b) *Sie hatte weder Lust noch Zeit, ihre Hausaufgaben zu machen.* – nebenordnend ☐ unterordnend ☐

c) *Nachdem sie zurückgekommen waren, machten sie es sich gemütlich.* – nebenordnend ☐, unterordnend ☐

d) *Nicht bildende Kunst ist ihr Lieblingsfach, sondern Mathematik.* – nebenordnend ☐, unterordnend ☐

e) *Auf Kuchen hatte er heute keine Lust, obwohl er sonst gerne etwas Süßes aß.* – nebenordnend ☐, unterordnend ☐

f) *Wenn es weiter so regnet, tritt der Bach über die Ufer.* – nebenordnend ☐, unterordnend ☐

g) *Im Unterricht passten sie zwar auf, jedoch ohne echtes Interesse.* – nebenordnend ☐, unterordnend ☐

AUFGABE 4

Kreuze an, welche Bedeutung die markierte Präposition in den Sätzen jeweils hat.

a) *Das Fest fiel wegen des schlechten Wetters aus.* Ort ☐, Zeit ☐, Grund ☐

b) *Sie warteten vor dem Bahnhof.* Ort ☐, Zeit ☐, Grund ☐

c) *Oberhalb von 600 Metern kann es schneien.* Ort ☐, Zeit ☐, Grund ☐

d) *Bis zum Wochenende musste noch einiges erledigt werden.* Ort ☐, Zeit ☐, Grund ☐

e) *Das Spiel wird in wenigen Tagen stattfinden.* Ort ☐, Zeit ☐, Grund ☐

f) *Sie spielten aus Langenweile.* Ort ☐, Zeit ☐, Grund ☐

g) *In der Küche war es sehr warm.* Ort ☐, Zeit ☐, Grund ☐

AUFGABE 5

In den folgenden Wortreihen ist jeweils ein Wort weder eine Konjunktion noch eine Präposition. Unterstreiche dieses Wort.

a) *für – vor – vorne – so – seit*

b) *deshalb – inmitten – mit – damit – durch*

c) *weder – weil – während – wenigstens – wegen*

d) *oberhalb – obwohl – oder – obschon – oh*

e) *innen – inmitten – ihren – indem – in*

f) *auf – aufgrund – aus – abwärts – außer*

Satzgliedbestimmung – Subjekt

Merke: **Satzglieder** nennt man die Wörter oder Wortgruppen eines Satzes, die innerhalb dieses Satzes relativ eigenständige Bedeutungseinheiten bilden. Satzglieder kann man mithilfe der **Umstellprobe** ermitteln: Ein Wort oder eine Wortgruppe, die sich im Satz umstellen lässt, ohne dass sich die Satzbedeutung wesentlich ändert, ist ein Satzglied.
Zum Beispiel:
Die Katze | fängt | im Keller | eine kleine Maus.
Im Keller | fängt | die Katze | eine kleine Maus.
Eine kleine Maus | fängt | die Katze | im Keller.
Nicht möglich ist z. B.: *Die Katze fängt im Keller ~~Maus kleine eine~~.* Daran erkennt man, dass *eine, kleine* und *Maus* zusammen ein gemeinsames Satzglied bilden.

Je nach Aufgabe im Satz unterscheidet man vier Satzglieder: Subjekt, Prädikat, Objekte und adverbiale Bestimmungen. Das **Subjekt** (= Satzgegenstand) ist dabei das Satzglied, das auf die Frage ***Wer oder was?*** antwortet: *Wer oder was fängt im Keller eine kleine Maus? – Die Katze fängt im Keller eine kleine Maus.*

AUFGABE 1

Führe für die beiden Sätze eine Umstellprobe durch. Bilde jeweils zwei weitere Satzvarianten.

a)

1. Satzgliedstelle	2. Satzgliedstelle	3. Satzgliedstelle	4. Satzgliedstelle
Kolumbus	*fuhr*	*von Spanien aus*	*nach Amerika.*
Von Spanien aus			

b)

1. Satzgliedstelle	2. Satzgliedstelle	3. Satzgliedstelle	4. Satzgliedstelle
Im Winter	*fällt*	*in den Bergen*	*viel Schnee.*

AUFGABE 2

Formuliere für die Sätze aus AUFGABE 1 jeweils die Satzgliedfrage nach dem Subjekt. Beantworte anschließend diese Satzgliedfrage und unterstreiche das Subjekt.

a) *Kolumbus fuhr von Spanien aus nach Amerika.* – Satzgliedfrage: ______________________

____

Antwort: ______________________________________

b) *Im Winter fällt in den Bergen viel Schnee.* – Satzgliedfrage: ______________________

____

Antwort: ______________________________________

Satzgliedbestimmung – Subjekt

AUFGABE 3

Ermittle mithilfe der Umstellprobe in folgenden Sätzen die Satzglieder. Trenne die Satzglieder mit einem Strich („|“) voneinander ab.

a) *Der kleine Junge liest ein Buch.*

b) *Lene und ihre Freundin spielen Karten.*

c) *Er putzt seit einer halben Stunde seine Schuhe.*

d) *Die neue Lehrerin gibt ihren Schülern am ersten Tag keine Hausaufgaben.*

e) *Sie fahren vielleicht im Frühjahr in die Schweiz.*

f) *Trotz des schlechten Wetters machte der Ausflug allen viel Spaß.*

g) *Auf diesen Tag freuten sich die Einwohner des Ortes schon lange.*

h) *Hat irgendjemand eine Frage?*

AUFGABE 4

Bestimme das Subjekt in den Sätzen a) bis h) aus **AUFGABE 3**.

a) Subjekt: ______________________ b) Subjekt: ______________________

c) Subjekt: ______________________ d) Subjekt: ______________________

e) Subjekt: ______________________ f) Subjekt: ______________________

g) Subjekt: ______________________ h) Subjekt: ______________________

AUFGABE 5

Vielleicht hast du schon einmal den Merksatz „Ein Satz besteht zumindest aus einem Subjekt und einem Prädikat.“ gehört. Dieser Merksatz stimmt nicht ganz, denn es gibt durchaus Sätze, die kein Subjekt haben.

Untersuche die Satzglieder der folgenden Sätze. Wenn sie ein Subjekt haben, schreibe es in die linke Spalte; drei der Sätze haben kein Subjekt, schreibe in diesen Fällen „ohne Subjekt“ in die Spalte.

	Subjekt
a) *Warum kommt er denn nicht endlich?*	
b) *Das wundert mich überhaut nicht.*	
c) *Sich regen bringt Segen.*	
d) *Mich friert es wie verrückt.*	
e) *Das glaubt man ja nicht!*	
f) *Es regnet jetzt schon seit drei Stunden.*	
g) *Die Gespräche wurden von allen Beteiligten sehr ernsthaft geführt.*	
h) *Über die Gespräche wird jetzt nachgedacht.*	
i) *Spinnst du?*	
j) *Kommt jetzt endlich!*	

Merke: **Das Prädikat** (= Satzaussage) ist das Satzglied, das auf die Frage antwortet, was ein Subjekt tut bzw. was geschieht, z. B.: *Der Junge spielt am Computer. – Was tut der Junge am Computer? – Der Junge spielt.*
Das Prädikat besteht im einfachsten Fall aus einer **finiten** (= bestimmten) **Verbform**, z. B.: *spielt* (Infinitiv: *spielen*). Ein Prädikat kann aber auch **mehrteilig** sein. Dies ist der Fall bei:

- Verbformen im Perfekt, Plusquamperfekt und Futur, z. B.: *Er hat gespielt.*
- Verbformen im Passiv, z. B.: *Es ist gespielt worden.*
- Modalverben, z. B.: *Er darf spielen.*

Ebenfalls zum Prädikat gehören Zusätze bzw. Ergänzungen, z. B. *vorspielen*: *Er spielte uns etwas vor.*
Bei der Analyse von Sätzen interessiert man sich dabei vor allem für den finiten (= bestimmten) Prädikatsteil. Achtung: Sätze können auch zwei oder mehr Prädikate enthalten, z. B.: *Sie sangen, tanzten und lachten.*

AUFGABE 1

Die Bestimmung des Prädikats fällt manchmal deshalb nicht leicht, weil Sätze neben dem Prädikat weitere Verben enthalten können, z. B.: *Er hörte nicht auf zu spielen.* Um herauszufinden, welche Verbform finit (in Person und Zahl bestimmt) ist, kann man die Person oder das Tempus (Zeitstufe) verändern, z. B.: *Du hörst nicht auf zu spielen. Sie hörten nicht auf zu spielen.* Man sieht dann, dass *hörte* bzw. *hörst* und *hörten* sich verändern, also finit sind, während das Verb *spielen* stets gleich bleibt, also nicht das Prädikat sein kann.
In den folgenden Sätzen sind die Prädikate bzw. finiten Prädikatsteile markiert. Verändere die Person oder das Tempus so, dass deutlich wird, dass die markierte Form wirklich finit ist, und schreibe den veränderten Satz auf.

a) *Sie joggt jeden Morgen.* – veränderter Satz: ______________________________

b) *Er will endlich in den Urlaub fliegen und sich erholen.* – veränderter Satz: ______________________________

____

c) *In dieser Sache konnten sie nichts mehr tun.* – veränderter Satz: ______________________________

____

d) *Die beiden werden sich wohl schon einmal getroffen haben.* – veränderter Satz: ______________________________

____

AUFGABE 2

In den folgenden Sätzen sind alle Verben markiert. Kreuze an, welches von ihnen das Prädikat bzw. der finite Teil des Prädikats ist.

a) *Sie planten* ☐, *am nächsten Abend ins Theater zu gehen* ☐.

b) *Sie sind* ☐ *durch den Unfall glücklicherweise nur leicht verletzt* ☐ *worden* ☐.

c) *Sie hatten* ☐ *sich schon oft getroffen* ☐, *um gemeinsam am Computer zu spielen* ☐.

d) *Das Rauchen* ☐ *ist* ☐ *in dem gesamten Gebäude verboten* ☐.

e) *In seiner Aufregung war* ☐ *er, ohne sich umzusehen,* ☐ *über die Straße gelaufen* ☐.

f) *Nach seinem unhöflichen Verhalten von gestern musste* ☐ *er sich bei den anderen entschuldigen* ☐.

AUFGABE 3

Markiere in den folgenden Sätzen das Prädikat bzw. den finiten Teil des Prädikats.

a) *Er ging eigentlich ganz gern in die Schule.*

b) *Sie konnte sich das einfach nicht vorstellen.*

c) *Der Einbrecher war bei seiner Tat von zwei Zeugen beobachtet worden.*

d) *Sie durfte sich während der Hausaufgaben nicht immer wieder von anderen Dingen ablenken lassen.*

e) *Er wusste sich in dieser Sache einfach nicht mehr zu helfen.*

f) *Das hätte sie sich aber auch denken können.*

AUFGABE 4

Unterstreiche in den folgenden Sätzen alle Teile des Prädikats und schreibe jeweils den finiten Prädikatsteil heraus.

a) *Sie wird nächstes Jahr die Schule wechseln.* – finiter Prädikatsteil: ______________

b) *Sie haben sich vorigen Sommer im Urlaub getroffen.* – finiter Prädikatsteil: ______________

c) *Sie sind mit dem Auto gefahren.* – finiter Prädikatsteil: ______________

d) *Davor fürchtet er sich.* – finiter Prädikatsteil: ______________

e) *Mit diesem Ergebnis hatte er nicht gerechnet.* – finiter Prädikatsteil: ______________

f) *Sie möchte eigentlich noch nicht gehen.* – finiter Prädikatsteil: ______________

AUFGABE 5

Die folgenden Sätze bzw. Satzgefüge enthalten alle mindestens zwei Prädikate. Markiere in den Sätzen alle finiten Teile der Prädikate.

a) *Sie gingen lange zusammen im Wald spazieren und unterhielten sich dabei über alles Mögliche.*

b) *Obwohl er an diesem Morgen verschlafen hatte, gelang es ihm gerade noch, rechtzeitig am Bahnhof einzutreffen.*

c) *Sie wollte ohne Unterbrechung nach Portugal fahren und hatte nicht vor, unterwegs einmal zu übernachten.*

d) *Er fürchtete sich noch etwas, aber fand dann schließlich doch den Mut, die Sache in Angriff zu nehmen.*

e) *Sie wusste nicht, was sie noch alles mit ihrem kleinen Bruder tun sollte, um endlich in Ruhe ihren Krimi lesen zu können.*

f) *Auch wenn er ganz gut rechnen und Aufsätze schreiben konnte, machte ihm die Schule keinen rechten Spaß.*

g) *Sie warteten eine ganze Weile, aber als es zehn Uhr wurde und immer noch niemand gekommen war, gaben sie die Hoffnung auf.*

Objekte

Merke: Neben dem Subjekt und dem Prädikat zählen auch die **Objekte** (= Ergänzungen) zu den Satzgliedern. Objekte ergänzen das Prädikat und können auf folgende Fragen antworten:

- **Genitivobjekt** (Ergänzung im 2. Fall): Wessen? – *Der Kranke bedarf der Ruhe. – Wessen bedarf der Kranke? – Er bedarf der Ruhe.*
- **Dativobjekt** (Ergänzung im 3. Fall): Wem? – *Die Chefin dankt ihm herzlich. – Wem dankt sie herzlich? – Sie dankt ihm herzlich.*
- **Akkusativobjekt** (Ergänzung im 4. Fall): Wen oder was? – *Der Lehrer prüft den Schüler. – Wen oder was prüft der Lehrer? – Er prüft den Schüler.*
- **Präpositionalobjekt** (= Verhältniswortergänzung): Frage mit Präposition – *Die Kinder haben über die Witze des Clowns gelacht. – Über was haben die Kinder gelacht. – Sie haben über die Witze des Clowns gelacht.*

AUFGABE 1

In den folgenden Sätzen ist jeweils ein Satzglied (Subjekt oder eines der Objekte) markiert. Ordne diesem Satzglied die passende Frage und die richtige Satzgliedbestimmung zu.

Wem? *Wer oder was?* *Wen oder was?* *Wessen?*
Akkusativobjekt *Subjekt* *Genitivobjekt* *Dativobjekt*

a) *Am Abend dachte sie noch einmal über die Situation nach.* – Frage: ____________,
Satzgliedbestimmung: ____________

b) *Sie gaben ihm noch eine letzte Chance.* – Frage: ____________,
Satzgliedbestimmung: ____________

c) *Die Mutter half ihrem Sohn bei den Hausaufgaben.* – Frage: ____________,
Satzgliedbestimmung: ____________

d) *Die Vorwürfe entbehrten jeglicher Grundlage.* – Frage: ____________,
Satzgliedbestimmung: ____________

AUFGABE 2

In den folgenden Sätzen sind die Satzglieder voneinander durch Abstände getrennt. Schreibe die Satzgliedbezeichnungen jeweils unter das richtige Satzglied. (Welche Satzglieder in dem Satz jeweils vorkommen, ist in der Klammer angegeben.)

a) (Prädikat – Dativobjekt – ~~Subjekt~~ – Akkusativobjekt)

Sie *schenkten* *ihren Freunden* *Kinogutscheine.*
Subjekt

b) (Prädikat – Präpositionalobjekt – Subjekt)

Er *wartete* *auf ihn.*

c) (Prädikat – Dativobjekt – Subjekt – Akkusativobjekt)

Sie *gab* *ihnen* *keine Antwort.*

Objekte

AUFGABE 3

Kreuze an, um welche Art von Objekt es sich bei dem markierten Satzglied in den Sätzen jeweils handelt. Jedes Objekt kommt einmal vor.

a) *Er dankte <u>seinem Freund</u> für die Hilfe.* – Genitivobjekt ☐, Dativobjekt ☐, Akkusativobjekt ☐, Präpositionalobjekt ☐

b) *Man gedachte <u>der Opfer des Unglücks</u>.* – Genitivobjekt ☐, Dativobjekt ☐, Akkusativobjekt ☐, Präpositionalobjekt ☐

c) *Sie deckten gemeinsam <u>den Tisch</u>.* – Genitivobjekt ☐, Dativobjekt ☐, Akkusativobjekt ☐, Präpositionalobjekt ☐

d) *Sie hoffte <u>auf besseres Wetter</u> für ihren Ausflug.* – Genitivobjekt ☐, Dativobjekt ☐, Akkusativobjekt ☐, Präpositionalobjekt ☐

AUFGABE 4

Ermittle und bestimme die Objekte in den folgenden Sätzen und unterstreiche sie. Die Zahl der Objekte ist in der runden Klammer angegeben. – Beispiel: *Lisa gibt Jan sein Buch zurück.* (2) → *Lisa gibt <u>Jan</u> <u>sein Buch</u> zurück.* – Bestimmung: *Jan* = Dativobjekt, *sein Buch* = Akkusativobjekt

a) *Sie kauft sich eine CD.* (1) – Bestimmung: ______________________________

____

b) *Der Junge las den Brief seines Freundes.* (1) – Bestimmung: ______________________________

____

c) *Die Polizei überführte den Dieb schnell der Tat.* (2) – Bestimmung: ______________________________

____

d) *Er schrieb seiner Tante einen Dankesbrief.* (2) – Bestimmung: ______________________________

____

AUFGABE 5

Ermittle und bestimme wie in **AUFGABE 4** die Objekte in den folgenden Sätzen.

a) *Er lebte schon seit Jahren in London.* – Bestimmung: ______________________________

____

b) *Bei dem Wiedersehen erinnerten sie sich ihrer früheren Erlebnisse.* – Bestimmung: ______________________________

____

c) *Sie vertraute ihm ihren Hund bedenkenlos an.* – Bestimmung: ______________________________

____

d) *Sein Verhalten ermangelte des notwendigen Verständnisses.* – Bestimmung: ______________________________

____

Adverbiale Bestimmungen

Merke: Ebenfalls ein Satzglied ist die **adverbiale Bestimmung** (= Umstandsangabe). Nach der Art der Umstandsergänzung unterscheidet man u. a.:

- **temporales Adverbial** (Adverbial der Zeit): Wann?, Wie lange?, Seit wann? – *Sie gehen bald.*
- **lokales Adverbial** (Adverbial des Ortes): Wo?, Woher?, Wohin? – *Er ist zu Hause.*
- **modales Adverbial** (Adverbial der Art und Weise): Wie?, Wie viel?, Wie sehr? – *Es regnet in Strömen.*
- **instrumentales Adverbial** (Adverbial des Mittels): Womit?, Wodurch? – *Durch Nachdenken kam er auf die Lösung.*
- **kausales Adverbial** (Adverbial des Grundes): Warum?, Weshalb?, Wieso? – *Sie kamen wegen ihm.*
- **konditionales Adverbial** (Adverbial der Bedingung): Unter welcher Bedingung? – *Betreten auf eigene Gefahr.*
- **konzessives Adverbial** (Adverbial des Gegengrundes): Trotz wessen? – *Trotz des schlechten Wetters fuhr er mit dem Rad.*

AUFGABE 1

Im Folgenden findest du jeweils ein weiteres Beispiel für die verschiedenen adverbialen Bestimmungen. Ordne jeder Bestimmung den jeweils richtigen Satz zu.

Er weinte vor Freude. – Er las den Brief gleich. – Sie singt schön. – Das geht nur mit Geduld. – Ungeachtet seiner Schmerzen arbeitete er. – Sie sind in der Schule. – Bei Bedarf öffnen.

a) temporales Adverbial: ______________________

b) lokales Adverbial: ______________________

c) modales Adverbial: ______________________

d) instrumentales Adverbial: ______________________

e) kausales Adverbial: ______________________

f) konditionales Adverbial: ______________________

g) konzessives Adverbial: ______________________

AUFGABE 2

In den folgenden Sätzen ist jeweils eine adverbiale Bestimmung markiert. Ordne ihr die passende Frage und die genaue Bezeichnung der Umstandsangabe zu.

Warum? Wohin? Wann? Unter welcher Bedingung? konditionales Adverbial kausales Adverbial temporales Adverbial lokales Adverbial

	Frage	genaue Bezeichnung
a) *Sie trafen sich um 9 Uhr.*		
b) *Er trat ihm auf den Fuß.*		
c) *Wegen Platzmangel kein Einlass.*		
d) *Benutzung nur im Notfall.*		

AUFGABE 3

In den folgenden Sätzen ist jeweils eine adverbiale Bestimmung markiert. Bestimme die Art der Umstandsangabe.

a) *Er arbeitete <u>wie verrückt</u>.* – Bestimmung: ______________________

b) *Sie sind <u>seit drei Wochen</u> weg.* – Bestimmung: ______________________

c) *Er kam gestern <u>aus London</u> zurück.* – Bestimmung: ______________________

d) *Er kann uns <u>mit seiner Erfahrung</u> helfen.* – Bestimmung: ______________________

e) *Ich will <u>dort</u> wohnen.* – Bestimmung: ______________________

AUFGABE 4

Ermittle die adverbialen Bestimmungen in den folgenden Sätzen und unterstreiche sie. Bestimme anschließend, um welche Art der Umstandsangabe es sich jeweils handelt. – Beispiel: *Sie arbeitete seit dem frühen Morgen.* → *Sie arbeitete <u>seit dem frühen Morgen</u>.* = temporales Adverbial

		Bestimmung des Adverbials
a)	*In drei Monaten sind Ferien.*	
b)	*Der Kinderchor singt sehr schön.*	
c)	*Die Kinder spielen im Garten.*	
d)	*Aufgrund des schlechten Wetters musste die Veranstaltung abgesagt werden.*	
e)	*Der Hund biss den Mann ins linke Bein.*	
f)	*Seit Wochen sucht er schon nach einem passenden Geschenk.*	
g)	*Die Menschen jubelten vor Begeisterung.*	
h)	*Trotz Grippe fuhr er Ski.*	

AUFGABE 5

Die folgenden Sätze enthalten jeweils zwei oder mehr adverbiale Bestimmungen. Ermittle und bestimme wie in **AUFGABE 4** die Umstandsangaben.

a) *Bei Regen fallen alle Veranstaltungen im Freien aus.* – Bestimmung: ______________________

____

b) *Sie bemalten gestern im Unterricht aus Langeweile ihre Hefte.* – Bestimmung: ______________________

____

c) *Sie gingen gerne in die Schule.* – Bestimmung: ______________________

____

d) *Dank ihrer schnellen Auffassungsgabe konnte sie die Aufgabe leicht lösen.* – Bestimmung:

____

Subjekt- und Objektsätze

Haupt- und Nebensätze

Merke: **Nebensätze** sind Sätze, die von einem **Hauptsatz** (das sind Sätze, die von keinem übergeordneten Satz abhängig sind) oder von einem anderen Nebensatz abhängen. Nebensätze erkennt man in der Regel daran, dass in ihnen das Prädikat an letzter Satzgliedstelle steht und sie ein typisches Einleitungswort (wie *der, wer, womit, woher, weil, obwohl* usw.) haben, z. B.: *Das Telefon klingelte gerade, als* (= Einleitungswort) *ich nach Hause kam* (= Prädikat).

Nebensätze lassen sich auf zwei Arten näher bestimmen, zum einen nach ihrer grammatischen Funktion (der Aufgabe, die sie im Satz erfüllen), zum anderen nach der Art ihres Einleitungswortes. Nach der Art des Einleitungswortes lassen sich unterscheiden:

- **Konjunktionalsätze**, das sind Nebensätze, die mit einer Konjunktion (z. B. *weil, obwohl, nachdem, während, damit*) beginnen.
- **Relativsätze**, das sind Nebensätze, die mit einem Relativpronomen (z. B. *der, dem, den; welchen, welches; wer, wessen*) bzw. einem Relativadverb (z. B. *womit, wodurch, wohin*) beginnen.

Nach ihrer grammatischen Funktion unterscheidet man:

- **Gliedsätze**, das sind Nebensätze, die ein Satzglied im übergeordneten Satz vertreten. Gliedsätze können Subjekt-, Objekt- oder Adverbialsätze sein.
- **Attributsätze**, das sind Nebensätze, die ein Attribut zu einem Satzglied im übergeordneten Satz bilden.

Subjekt- und Objektsätze

Merke: **Gliedsätze** vertreten ein Satzglied im übergeordneten Satz.
Wenn der Gliedsatz das Subjekt im übergeordneten Satz vertritt, spricht man von einem **Subjektsatz**, z. B.: *Wer das versteht* (= Subjektsatz: *Wer oder was weiß schon viel?*), *weiß schon viel.*
Wenn der Gliedsatz das Objekt im übergeordneten Satz vertritt, spricht man von einem **Objektsatz**, z. B.: *Wir wissen, dass das sehr schwer ist* (= Objektsatz: *Wen oder was wissen wir?*).

AUFGABE 1

Formuliere zu den folgenden Subjekt- und Objektsätzen jeweils die entsprechende Satzgliedfrage.

a) (Subjektsatz): *Dass du noch kommst, freut mich sehr.* – Satzgliedfrage: ____________________

____

b) (Subjektsatz): *Mir ist egal, ob du gleich wieder gehst.* – Satzgliedfrage: ____________________

____

c) (Objektsatz): *Ich glaube, dass du das kannst.* – Satzgliedfrage: ____________________

____

d) (Objektsatz): *Er weiß nicht, ob er das kann.* – Satzgliedfrage: ____________________

____

Subjekt- und Objektsätze

AUFGABE 2

Kreuze an, ob es sich bei den markierten Nebensätzen um Subjekt- oder Objektsätze handelt.

a) *Mir ist neu, <u>dass du im Lotto gewonnen hast</u>.* – Subjektsatz ☐, Objektsatz ☐

b) *Er hatte genau gesehen, <u>wie das Haus abbrannte</u>.* – Subjektsatz ☐, Objektsatz ☐

c) *Wir wissen leider auch noch nicht, <u>welche Pläne sie heute haben</u>.* – Subjektsatz ☐, Objektsatz ☐

d) *<u>Wer andern eine Grube gräbt</u>, fällt selbst hinein.* – Subjektsatz ☐, Objektsatz ☐

e) *Ich denke, <u>dass er bald kommen wird</u>.* – Subjektsatz ☐, Objektsatz ☐

AUFGABE 3

Die folgenden Satzgefüge enthalten jeweils einen Subjekt- oder einen Objektsatz. Unterstreiche diesen Gliedsatz und bestimme ihn anschließend.

a) *Obwohl ich sie schon lange kenne, wundere ich mich, dass sie so schnell reagiert hat.* – Bestimmung: ____________________

b) *Er wusste, wie dieses Problem zu lösen war, weil er sich schon lange mit dieser Sache beschäftigt hatte.* – Bestimmung: ____________________

c) *Dass sie dieses Jahr keine Eins in Deutsch bekommen würde, störte sie nicht, obgleich sie sonst sehr ehrgeizig war.* – Bestimmung: ____________________

d) *Welche Folgen dieses Ereignis haben wird, ist noch unklar, da die Untersuchungen noch nicht abgeschlossen sind.* – Bestimmung: ____________________

e) *Ich habe mich schon oft gefragt, wie er das immer macht, wo er doch sonst so wenig Interesse zeigt.* – Bestimmung: ____________________

AUFGABE 4

Bilde aus den unterstrichenen Satzgliedern mithilfe der Vorgaben Gliedsätze. – Beispiel: (Subjektsatz mit *welche*) *<u>Die Folgen seiner Tat</u> sind im Moment noch nicht klar.* → *Welche Folgen seine Tat hat, ist im Moment noch unklar.*

		Gliedsätze
a)	(Objektsatz mit *wie*) *Er wusste <u>keine Lösung für das Problem</u>.*	
b)	(Subjektsatz mit *dass*) *<u>Die schlechte Note</u> kümmerte sie nicht.*	
c)	(Subjektsatz mit *dass*) *Mir ist <u>deine Vorliebe für Rockmusik</u> bekannt.*	
d)	(Objektsatz mit *wie*) *Sie sahen <u>den Unfall</u> ganz genau.*	

Adverbialsätze

Merke: **Adverbialsätze** gehören zu den Gliedsätzen, d. h. dass sie das Satzglied adverbiale Bestimmung im übergeordneten Satz ersetzen. Wie die adverbiale Bestimmung selbst lassen sich auch die Adverbialsätze nach der Art der Umstandsangabe unterscheiden.

AUFGABE 1

Schreibe die folgenden Erläuterungen und Beispiele in die richtige Spalte der Tabelle.

• des Ortes (= Lokalsatz): wo, wohin, woher – • der Bedingung (= Konditionalsatz): wenn, falls, sofern – *Sie können die Ware bei sofortiger Bezahlung* (Unter welcher Bedingung?) *gleich mitnehmen.* – *Es regnete, als ob die Sintflut käme.* – *Sie verabredeten sich an einem früheren Treffpunkt* (Wo?). – *Es regnete wie bei einer Sintflut* (Wie?). – *Er lernte das Klavierspiel, indem er viel übte* (Wodurch?). – *Sie half ihm, weil sie Mitleid mit ihm hatte* (Warum?).

Adverbialsatz	Beispiel	adverbiale Bestimmung
• der Zeit (= Temporalsatz): nachdem, als, bevor, während, ehe, bis, sowie	*Sie arbeiteten immer, bis es dunkel wurde.*	*Sie arbeiteten immer bis zum Einbruch der Dunkelheit.* (Bis wann?).
• des Grundes (= Kausalsatz): weil, da, zumal (da)		*Sie half ihm aus Mitleid* (Warum?).
• des Gegengrundes (= Konzessivsatz): obwohl, obschon, obgleich, wenn auch	*Sie schrieb eine schlechte Arbeit, obwohl sie sich intensiv vorbereitet hatte.*	*Sie schrieb trotz intensiver Vorbereitung* (Trotz wessen?) *eine schlechte Arbeit.*
	Sie können die Ware gleich mitnehmen, wenn Sie sie sofort bezahlen.	
• der Art und Weise (= Modalsatz): als ob, insofern, wobei		
• des Umstandes/des Mittels (= Instrumentalsatz): indem, sodass		*Er lernte das Klavierspiel durch viel Übung* (Womit? Wodurch?).
	Sie verabredeten sich dort, wo sie sich schon einmal getroffen hatten.	

AUFGABE 2

Löse das markierte Adverbial in einen bedeutungsgleichen Adverbialsatz auf. – Beispiel: _*Nach dem Ende des Filmes*_ (mit *nachdem*) *gingen sie sofort nach Hause.* → *Nachdem der Film zu Ende war, gingen sie sofort nach Hause.*

a) _*Bis zur Ankunft des Zuges*_ (mit *bis*) *saßen sie in der Bahnhofsgaststätte.* ______________________

____

b) _*Trotz großer Langeweile*_ (mit *obwohl*) *las sie das Buch nicht mehr weiter.* ______________________

____

c) _*Bei schlechtem Wetter*_ (mit *wenn*) *grillen wir nicht.* ______________________

____

d) _*Wegen Krankheit*_ (mit *weil*) *ist das Geschäft heute geschlossen.* ______________________

____

e) *Er öffnete die Packung* _*mit einer Schere*_ (mit *indem*). ______________________

____

f) _*Zur Erforschung der Ursache*_ (mit *um … zu*) *führten die Wissenschaftler viele Experimente durch.*

____

AUFGABE 3

Bestimme, um welche Art von Adverbialsatz es sich bei den markierten Nebensätzen jeweils handelt. Kreuze an.

a) _*Während die anderen noch schliefen,*_ *machte er schon für sie Frühstück.*
kausaler Adverbialsatz ☐, temporaler Adverbialsatz ☐, konditionaler Adverbialsatz ☐, modaler Adverbialsatz ☐, instrumentaler Adverbialsatz ☐, konzessiver Adverbialsatz ☐, lokaler Adverbialsatz ☐

b) _*Auch wenn es heftig stürmte und regnete,*_ *kam es zu keinen Überschwemmungen.*
kausaler Adverbialsatz ☐, temporaler Adverbialsatz ☐, konditionaler Adverbialsatz ☐, modaler Adverbialsatz ☐, instrumentaler Adverbialsatz ☐, konzessiver Adverbialsatz ☐, lokaler Adverbialsatz ☐

c) *Er erledigte alle Gartenarbeit,* _*wobei er laut sang*_. – kausaler Adverbialsatz ☐, temporaler Adverbialsatz ☐, konditionaler Adverbialsatz ☐, modaler Adverbialsatz ☐, instrumentaler Adverbialsatz ☐, konzessiver Adverbialsatz ☐, lokaler Adverbialsatz ☐

d) _*Da er schon eine Weile Fieber hatte,*_ *ging er schließlich zu einem Arzt.*
kausaler Adverbialsatz ☐, temporaler Adverbialsatz ☐, konditionaler Adverbialsatz ☐, modaler Adverbialsatz ☐, instrumentaler Adverbialsatz ☐, konzessiver Adverbialsatz ☐, lokaler Adverbialsatz ☐

e) *Ich gehe schon einmal vor,* _*falls Sie nichts dagegen haben*_. – kausaler Adverbialsatz ☐, temporaler Adverbialsatz ☐, konditionaler Adverbialsatz ☐, modaler Adverbialsatz ☐, instrumentaler Adverbialsatz ☐, konzessiver Adverbialsatz ☐, lokaler Adverbialsatz ☐

Attribute und Attributsätze

Merke: Unter einem **Attribut** (= Beifügung) versteht man eine genauere inhaltliche Bestimmung eines Nomens (= Substantivs). Nach der Art der Bestimmung unterscheidet man unter anderem folgende Attributarten:

- **Adjektiv** (attributives Adjektiv), z. B.: *der kleine Tisch*
- **Partizip** (attributives Partizip), z. B.: *der lesende Junge*
- **Adverb** (attributives Adverb), z. B.: *das Mädchen dort*
- **Präposition** (präpositionales Attribut), z. B.: *ein Mädchen aus Portugal*
- **Namensbestimmung**, z. B.: *ein Spielberg-Film*
- **Genitivattribut**, z. B.: *das Haus seiner Eltern*
- **Nebensatz** (Attributsatz), z. B.: *ein Bild, das von van Gogh gemalt wurde,*

Attribute lassen sich meist in bedeutungsgleiche andere **Attributformen umwandeln**, z. B.:

- *der lesende Junge* (= attributives Partizip) → *ein Junge, der liest* (= Nebensatz)
- *ein Mädchen aus Portugal* (präpositionales Attribut) → *ein aus Portugal stammendes Mädchen* (attributives Partizip mit Erweiterung).

Beachte: Im Gegensatz zu den Subjekt-, Objekt- und Adverbialsätzen sind **Attributsätze** keine Gliedsätze; denn anders als die Gliedsätze ersetzen Attribute kein Satzglied, sondern bestimmen es näher, z. B.: *Sie kennt das Mädchen, das aus Portugal stammt, schon.* (Hier bestimmt der Attributsatz das Satzglied *das Mädchen* näher.)
Attributsätze stehen meist direkt bei ihrem Bezugswort (oder ihm doch sehr nahe). Die meisten Attributsätze sind dabei Relativsätze.

AUFGABE 1

Im Folgenden findest du jeweils ein weiteres Beispiel für die verschiedenen Attributarten. Schreibe die Sätze hinter die richtige Bestimmung.

Er war ein Mensch mit Humor. *Sie aß die Hälfte des Apfels.* *Es war ein heißer Sommer.*
Aufgewärmtes Essen schmeckt mir nicht. *Er ist ein Schüler, der oft stört.*
Die Zeit danach war sehr schwer. *Er kaufte sich ein Disney-Comic.*

Attributart	Beispiel
Adjektiv	
Partizip	
Adverb	
Präposition	
Namensbestimmung	
Genitivattribut	
Nebensatz	

AUFGABE 2

Ermittle in den folgenden Sätzen das Attribut und bestimme es. – Beispiel: *Er war ein alter Bekannter.* → *ein alter Bekannter* = Adjektiv (oder: attributives Adjektiv)

a) *Peter konnte den ertrinkenden Hund noch aus dem Wasser ziehen.* ______

b) *Er fuhr mit dem Rad seiner Schwester zur Schule.* ______

c) *Er bekam ein Fahrrad mit Alufelgen zum Geburtstag.* ______

d) *Sie nahmen mittags nur ein leichtes Essen zu sich.* ______

e) *Er sammelte schon seit Jahren Beatles-Platten.* ______

AUFGABE 3

Löse den Attributsatz auf und formuliere die Angabe im Attributsatz als Adjektiv bzw. Partizip zum Bezugswort. – Beispiel: *Den Mann, der dort geht, kennt sie.* → *Den dort gehenden Mann kennt sie.*

a) *Er beschmierte sich an der Wand, die frisch gestrichen war, mit Farbe.* ______

b) *Sie hatte in das Buch, das sie gestern gekauft hatte, noch gar nicht hineingeschaut.* ______

c) *Er sah sich in dem Geschäft, das neu eröffnet hatte, um.* ______

d) *Jetzt war das Fahrrad, das er eben erst geputzt hatte, schon wieder schmutzig.* ______

AUFGABE 4

Forme die markierten Attribute in bedeutungsgleiche Nebensätze um.

a) *Er las den Brief seines Vaters.* ______

b) *Sie aßen Nudeln aus Italien.* ______

c) *Der abgebrochene Ast lag am Boden.* ______

d) *Das war ein wirklich tolles Spiel unserer Mannschaft.* ______

Satzreihen und -gefüge

Merke: Von einer **Satzreihe** spricht man, wenn zwei (oder mehr) Hauptsätze ohne abschließenden Punkt aneinandergereiht sind. Oft sind die Hauptsätze durch nebenordnende Konjunktionen verbunden.
Beispiel: *Erst schlenderten sie ein bisschen durch die Stadt* (= Hauptsatz 1), *dann aßen sie irgendwo eine Kleinigkeit* (= Hauptsatz 2) *und schließlich gingen sie zusammen ins Kino* (= Hauptsatz 3).

Von einem **Satzgefüge** spricht man, wenn mindestens ein Haupt- und mindestens ein Nebensatz miteinander zu einer Einheit verbunden sind. Dabei entstehen manchmal komplexe Satzgefüge.
Beispiel: *Weil sie Langeweile hatten* (= Nebensatz 1), *schlenderten sie erst ein bisschen durch die Stadt* (= Hauptsatz 1), *aßen dann* (= Anfang Hauptsatz 2), *weil sie Hunger bekommen hatten* (= Nebensatz 2), *irgendwo eine Kleinigkeit* (= Ende Hauptsatz 2) *und gingen schließlich ins Kino* (= Hauptsatz 3), *wo ein Film lief* (= Nebensatz 3), *den sie sich schon lange hatten ansehen wollen* (= Nebensatz 4).

Um **komplexe Satzgefüge** zu verstehen, solltest du dir zunächst klarmachen, ob und wie die verschiedenen (Neben-)Sätze eingeleitet werden. Dann suchst du zu den Satzanfängen die passenden Prädikate.
Manchmal glaubte er, dass es niemanden gibt, der das versteht.

Mit einem **Stufenmodell** kann man anschließend verdeutlichen, wie sich die (Neben-)Sätze zueinander verhalten:

Manchmal glaubte er, ↓		
Hauptsatz	*dass es niemanden gibt,* ↓	
	Nebensatz 1	*der das versteht.*
		Nebensatz 2

AUFGABE 1

Verknüpfe die Sätze mit der in der Klammer angegebenen Konjunktion zu Satzgefügen. Beachte, dass sich die Wortstellung ändert. – Beispiel: *Er trägt einen Regenmantel. Er ist vor dem Regen geschützt.* (damit) → *Er trägt einen Regenmantel, damit er vor dem Regen geschützt ist.*

a) *Du hast die Aufgaben verstanden. Dann erkläre mir die Aufgaben.* (wenn) ____________________

____

b) *Er hatte die Prüfung bestanden. Er konnte wieder häufiger trainieren.* (nachdem) ____________________

____

c) *Sie hatte viel gelernt. Sie schrieb in der Arbeit eine Fünf.* (obwohl) ____________________

____

d) *Er konnte die Frage klären. Er sah im Internet nach.* (indem) ____________________

____

e) *Sie kamen zu spät zur Schule. Sie hatten verschlafen.* (weil) ____________________

____

Satzreihen und -gefüge

AUFGABE 2

Handelt es sich bei den beiden folgenden Satzverbindungen um Satzreihen oder um Satzgefüge? Kreuze entsprechend an.

a) *Lara hat eine Katze und Lucas hat einen Hund, nur Anna hat kein Haustier.*
– Satzreihe ☐, Satzgefüge ☐

b) *Indem ein Detektiv Beweise sammelt und Verdächtige befragt, kann er den Tathergang rekonstruieren und den Täter überführen.* – Satzreihe ☐, Satzgefüge ☐

c) *Sie warteten und warten, schließlich kam auch endlich ein Bus, allerdings war es leider der falsche.* – Satzreihe ☐, Satzgefüge ☐

d) *Sie hatte das Sudoku sehr schnell lösen können, obschon sie sonst mit solchen Rätseln erheblich mehr Mühe hatte, denn der Umgang mit Zahlen war nicht ihre Stärke.*
– Satzreihe ☐, Satzgefüge ☐

AUFGABE 3

In der Übersicht findest du den folgenden Satz noch einmal in (Teil-)Sätzen dargestellt. Vervollständige die Spalte „Bestimmung".

Wenn man sich in einer fremden Stadt verläuft, muss man oft mehrere Personen nach dem Weg fragen, bis man jemanden findet, der den richtigen Weg auch wirklich kennt.

Sätze	Bestimmung
Wenn man sich in einer fremden Stadt verläuft,	
muss man oft mehrere Personen nach dem Weg fragen,	
bis man jemanden findet,	
der den richtigen Weg auch wirklich kennt.	Nebensatz 3

AUFGABE 4

Analysiere das folgende Satzgefüge (ein Hauptsatz und vier Nebensätze) selbstständig, indem du ein Stufenmodell zu ihm zeichnest. Markiere bei den Nebensätzen jeweils das Einleitungswort und das Prädikat.

Viele Dinge, die man in der Schule lernt, sind durchaus wichtig, wenn man auch den Nutzen, den sie haben, nicht im ersten Moment erkennt, obwohl man sich darum bemüht.

Wortarten, Satzglieder, indirekte Rede

Kurt Marti: Happy End

Sie umarmen sich, und alles ist wieder gut. Das Wort ENDE flimmert über ihrem Kuss. Das Kino ist aus. Zornig schiebt er zum Ausgang, sein Weib bleibt im Gedränge hilflos stecken, weit hinter ihm. Er tritt auf die Straße und bleibt nicht stehen, er geht, ohne zu warten, er geht voll Zorn, und die Nacht ist dunkel. Atemlos, mit kleinen, verzweifelten Schritten holt sie ihn schließlich ein und keucht zum Erbarmen. Eine Schande, sagt er im Gehen, eine Affenschande, wie du geheult hast. Sie keucht. Mich nimmt nur Wunder[1] warum, sagt er. Sie keucht. Ich hasse diese Heulerei, sagt er, ich hasse das. Sie keucht noch immer. Schweigend geht er und voll Wut, so eine Gans, denkt er, so eine blöde, blöde Gans, und wie sie keucht in ihrem Fett. Ich kann doch nichts dafür, sagt sie endlich, ich kann doch wirklich nichts dafür, es war so schön, und wenn es schön ist, muss ich einfach heulen. Schön, sagt er, dieser Mist, dieses Liebesgewinsel, das nennst du also schön, dir ist ja wirklich nicht zu helfen. Sie schweigt und geht und keucht und denkt, was für ein Klotz von Mann, was für ein Klotz.

[1] schweizerdeutsch für: ich wundere mich nur darüber

AUFGABE 1

Bestimme die Wortart aller Wörter in den beiden ersten Sätzen des Texts „Happy End“ von Kurt Marti. Gib bei den Pronomen die genaue Bezeichnung an (also z. B. Personalpronomen oder Reflexivpronomen).

Wort Satz 1	**Wortart**	**Wort Satz 2**	**Wortart**
Sie		*Das*	
umarmen		*Wort*	
sich		*ENDE*	
und		*flimmert*	
alles		*über*	
ist		*ihrem*	
wieder		*Kuss*	
gut			

AUFGABE 2

Unterstreiche in den folgenden Sätzen aus dem Text „Happy End“ von Kurt Marti die Adjektive. Kreuze anschließend an, ob die Adjektive attributiv oder adverbial gebraucht werden.

a) *Zornig schiebt er zum Ausgang* [...] (Z. 2) – attributiv ☐, adverbial ☐

b) [...] *mit kleinen, verzweifelten Schritten holt sie ihn schließlich ein* [...] (Z. 4 f.) – attributiv ☐, adverbial ☐

c) *Schweigend geht er und voll Wut* [...] (Z. 7 f.) – attributiv ☐, adverbial ☐

AUFGABE 3

Bestimme die Art der folgenden Adverbien aus dem Text „Happy End“ von Kurt Marti.

a) *immer* (Z. 7): ____________________

b) *wirklich* (Z. 9 + 11): ____________________

AUFGABE 4

Ermittle in dem folgenden Satz aus dem Text „Happy End“ von Kurt Marti die Satzglieder. Notiere zwischen den Satzgliedern einen Strich („|“).

a) *[Alles] ist wieder gut.* (Z. 1)

b) *Er tritt auf die Straße* [...] (Z. 3)

AUFGABE 5

Markiere in den beiden Sätzen aus dem Text „Happy End“ das Subjekt. Wenn kein Subjekt vorhanden ist, kreuze „ohne Subjekt“ an.

a) (...) *ich kann doch wirklich nichts dafür* (...) (Z. 9) – ohne Subjekt ☐

b) (...) *dir ist ja wirklich nicht zu helfen.* (Z. 11) – ohne Subjekt ☐

AUFGABE 6

Bestimme in den beiden Sätzen alle Satzglieder. Gib bei den adverbialen Bestimmungen die Art der Umstandsergänzung an (z. B. lokales oder modales Adverbial).

a)

Satzglied	*sein Weib*	*bleibt (stecken)*	*im Gedränge*	*hilflos*
Bestimmung				

b)

Satzglied	*Atemlos, mit kleinen, verzweifelten Schritten*	*holt (ein)/ (und) keucht*	*sie*	*ihn*	*schließlich*	*zum Erbarmen*
Bestimmung						

AUFGABE 7

Gib die folgenden Sätze aus dem Text „Happy End“ von Kurt Marti in indirekter Rede wieder.

a) *Ich hasse diese Heulerei, sagt er.* (Z. 6 f.): ____________________

____

b) *Ich kann doch nichts dafür, sagt sie endlich.* (Z. 9): ____________________

____

c) *Schön, sagt er, dieser Mist, dieses Liebesgewinsel, das nennst du also schön, dir ist ja wirklich nicht zu helfen.* (Z. 10 f.): ____________________

____

Satzgefüge, Nebensatzarten

Heimito von Doderer: Ehrfurcht vor dem Alter

Durch eine alte Dame mit kleinem Hund, welche infolge ihrer Umständlichkeit die Abfertigung am Postschalter verzögerte, zur äußersten Wut gebracht, schlug er – da ihm denn die Ehrfurcht vor dem Alter hier jede direkte Ausschreitung verwehrte – mit einer schweren, zum Teil eisenbeschlagenen Keule, welche der Angeklagte für solche Zwecke stets bei sich zu führen pflegte, die Front des gegenüberliegenden Hauses ein, wodurch drei Wohnungen beschädigt und sechs Personen zwar nicht erheblich, immerhin aber derart verletzt wurden, dass sie ärztliche Hilfe in Anspruch nehmen mussten.

AUFGABE 1

Die Kürzestgeschichte „Ehrfurcht vor dem Alter" von Heimito von Doderer besteht nur aus einem einzigen komplexen Satz. In der folgenden Übersicht findest du die einzelnen (Teil-)Sätze noch einmal dargestellt. Analysiere das Satzgefüge, indem du wie in den Beispielen hinter jeden (Teil-)Satz seine Beziehung zum ganzen Gefüge angibst. Gehe dabei folgendermaßen vor:

- Markiere zunächst alle Prädikate in der Geschichte.
- Suche dann nach Einleitungswörtern, die einen Nebensatz anzeigen.
- Erschließe dir den Gesamtzusammenhang und vervollständige schließlich die Spalte „Bestimmung".

Sätze	Bestimmung
Durch eine alte Dame mit kleinem Hund,	*Anfang Hauptsatz*
welche infolge ihrer Umständlichkeit die Abfertigung am Postschalter verzögerte,	
zur äußersten Wut gebracht, schlug er	
– da ihm denn die Ehrfurcht vor dem Alter hier jede direkte Ausschreitung verwehrte –	*Nebensatz 2*
mit einer schweren, zum Teil eisenbeschlagenen Keule,	
welche der Angeklagte für solche Zwecke stets bei sich zu führen pflegte,	
die Front des gegenüberliegenden Hauses ein,	*Ende Hauptsatz*
wodurch drei Wohnungen beschädigt und sechs Personen zwar nicht erheblich, immerhin aber derart verletzt wurden,	
dass sie ärztliche Hilfe in Anspruch nehmen mussten.	

AUFGABE 2

In den folgenden Satzgefügen findet sich jeweils ein Adverbialsatz. Markiere ihn und bestimme die Art des Adverbialsatzes (kausal, konditional usw.).

a) *Sie wollten dort wohnen, wo ihre Eltern auch früher schon gelebt haben.*
– Bestimmung: ______________________

b) *Seit sie ihre Hausaufgaben mithilfe eines Wörterbuchs korrigiert, ist ihre Rechtschreibung viel besser geworden.* – Bestimmung: ______________________

c) *Ich komme ganz bestimmt zu deiner Party, wenn du mich einlädst.*
– Bestimmung: ______________________

d) *Die Mannschaft wird das Turnier ganz bestimmt gewinnen, auch wenn es derzeit vielleicht nicht danach aussieht.* – Bestimmung: ______________________

e) *Die Sportlerin strengte sich an, als ob es in dem Wettkampf um ihr Leben ginge.*
– Bestimmung: ______________________

f) *Er interessierte sich, zumal er bereits das Buch gelesen und es ihm nicht gefallen hatte, nicht für dessen Verfilmung.* – Bestimmung: ______________________

g) *Während er badete, wäre er fast eingeschlafen.*
– Bestimmung: ______________________

AUFGABE 3

Im Text „Ehrfurcht vor dem Alter“ kommt neben dem Satz „wodurch drei Wohnungen beschädigt und sechs Personen zwar nicht erheblich, immerhin aber derart verletzt wurden“ ein weiterer Adverbialsatz vor. Finde diesen Satz, schreibe ihn heraus und bestimme ihn.

Adverbialsatz: ____

______________________ – Bestimmung: ______________________

AUFGABE 4

Im Text „Ehrfurcht vor dem Alter“ kommen zwei Attributsätze vor. Finde die Sätze und schreibe sie heraus.

a) Attributsatz 1: ____

____

b) Attributsatz 2: ____

____

AUFGABE 5

Im Text „Ehrfurcht vor dem Alter“ kommt ein weiterer Gliedsatz vor (also ein Gliedsatz, der, vgl. **AUFGABE 3**, kein Adverbialsatz ist). Finde diesen Satz, schreibe ihn heraus und kreuze an, ob es sich um einen Subjekt- oder einen Objektsatz handelt.

Gliedsatz: ____

______________________ – Bestimmung: Subjektsatz ☐, Objektsatz ☐

Tempus, Genera Verbi, Modus, indirekte Rede

Franz Carl Weiskopf: Der letzte Wunsch

Bei der Hinrichtung von vier Altonaer Arbeitern, die – bald nach Hitlers Machtantritt – zum Tode verurteilt worden waren, weil sie sich gegen schießende SA-Männer mit Schüssen gewehrt hatten, kam es zu einem Zwischenfall, von dem noch lange in allen Hafenkneipen, Fabrikskantinen und Mietskasernen Hamburgs gesprochen wurde.

Als man unmittelbar vor der Hinrichtung, zu der fünfundsiebzig Gefangene aus ihren Zellen geholt wurden, um das Sterben ihrer Genossen mit anzusehen, den jüngsten der Verurteilten, einen Neunzehnjährigen fragte, ob er noch einen Wunsch habe, sagte er: Ja, den habe er, er wolle sich noch einmal richtig recken, man möge ihm doch die Handfesseln lockern.

Der Wachtmeister nahm ihm die Eisen ab. Der junge Arbeiter reckte sich. Mit zum Himmel erhobenen Fäusten stand er einen Augenblick still da; dann schlug er blitzschnell, bevor noch die Umstehenden begriffen, was vorging, dem SA-Führer, der die Wachmannschaft kommandierte, die Vorderzähne ein.

AUFGABE 1

Bestimme das Tempus der folgenden Verbformen aus dem Text „Der letzte Wunsch" von Franz Carl Weiskopf.

a) *sie hatten sich gewehrt* (Z. 2 f.): ____________________

b) *es kam* (Z. 3): ____________________

c) (*sie*) *begriffen* (Z. 11): ____________________

AUFGABE 2

Bilde für folgende Verben aus dem Text die übrigen Verbformen.

Plusquamperfekt	Präteritum	Perfekt	Präsens	Futur I	Futur II
	stand				
	kommandierte				

AUFGABE 3

Formuliere die folgenden Passivsätze aus dem Text „Der letzte Wunsch" von Franz Carl Weiskopf ins Aktiv um. Ergänze dort, wo es nötig ist, ein passendes Subjekt.

a) *Altonaer Arbeitern, die* [...] *zum Tode verurteilt worden waren* (Z. 1 f.): ____________________

____

b) *Zwischenfall, von dem noch lange in allen Hafenkneipen, Fabrikskantinen und Mietskasernen Hamburgs gesprochen wurde* (Z. 3 f.): ____________________

____

c) *Hinrichtung, zu der fünfundsiebzig Gefangene aus ihren Zellen geholt wurden* (Z. 5 f.): ____________________

____

AUFGABE 4

Formuliere die folgenden Aktivsätze aus dem Text „Der letzte Wunsch“ von Franz Carl Weiskopf ins Passiv um.

a) *Man fragte den jüngsten der Verurteilten nach seinem letzten Wunsch.* (Z. 5 ff.) ____________

____

b) *Der Wachtmeister nahm ihm die Eisen ab.* (Z. 9) ____________

____

c) [...] *dann schlug er blitzschnell,* [...], *dem SA-Führer, der die Wachmannschaft kommandierte, die Vorderzähne ein.* (Z. 10 ff.) ____________

____

AUFGABE 5

Bilde für folgende Verben aus dem Text die übrigen Verbformen.

Plusquamperfekt	Präteritum	Perfekt	Präsens	Futur I	Futur II
waren verurteilt worden					
	wurde gesprochen				

AUFGABE 6

Forme die drei indirekten Reden aus dem Text „Der letzte Wunsch“ von Franz Carl Weiskopf in die direkte Rede um.

a) [*Man*] *fragte* [*den Verurteilten*], *ob er noch einen Wunsch habe.* (Z. 5 ff.) ____________

____

b) [*Er*] *sagte: Ja, den habe er, er wolle sich noch einmal richtig recken.* (Z. 7 f.) ____________

____

c) [*Er sagte,*] *man möge ihm doch die Handfesseln lockern.* (Z. 8 f.) ____________

____

AUFGABE 7

Bestimme den Modus der drei Verbformen aus den direkten Reden aus **AUFGABE 6** (d. h. der Sätze, die du in dieser Aufgabe gebildet hast).

a) Modus der Verbform aus **AUFGABE 6** a) ____________

b) Modus der Verbform aus **AUFGABE 6** b) ____________

c) Modus der Verbform aus **AUFGABE 6** c) ____________

AUFGABE 1

Kreuze an, welches Wort aufgrund der Wortart nicht in die Reihe gehört.

a) *gehen* ☐ *Haus* ☐ *weinen* ☐ *trinken* ☐
b) *Stuhl* ☐ *Hass* ☐ *schön* ☐ *Ankunft* ☐
c) *ihm* ☐ *schlimm* ☐ *dumm* ☐ *lahm* ☐
d) *sauber* ☐ *ordentlich* ☐ *fleißig* ☐ *besonders* ☐
e) *er* ☐ *im* ☐ *für* ☐ *mit* ☐
f) *denn* ☐ *dass* ☐ *dann* ☐ *damit* ☐

AUFGABE 2

Schreibe unter jedes Wort der Tabelle das Wort aus der Wortliste, das zu derselben Wortart gehört.

neben *lächeln* *gut* *sehr* *damit*

lächerlich	***beinahe***	***aus***	***geben***	***weil***
A ____________	**B** ____________	**C** ____________	**D** ____________	**E** ____________

AUFGABE 3

Bestimme die Wortart, zu der die folgenden Wörter gehören. Gib bei den Pronomen die genaue Bezeichnung an (also z. B. Personalpronomen oder Reflexivpronomen).

a) *schlafen*: ____________________
b) *Chemie*: ____________________
c) *toll*: ____________________
d) *schon*: ____________________
e) *ihm*: ____________________
f) *wegen*: ____________________
g) *rechts*: ____________________
h) *diese*: ____________________
i) *in*: ____________________
j) *sich*: ____________________

AUFGABE 4

Kreuze an, um welches Tempus es sich bei den markierten Verbformen handelt.

a) *Sie <u>liefen</u> am Ufer entlang.*
Perfekt ☐, Präteritum ☐, Plusquamperfekt ☐, Futur I ☐, Futur II ☐

b) *Bei dieser Aufgabe <u>hatte</u> er <u>sich verrechnet</u>.*
Perfekt ☐, Präteritum ☐, Plusquamperfekt ☐, Futur I ☐, Futur II ☐

c) *Sie <u>wird</u> das wohl schon <u>gemacht haben</u>.*
Perfekt ☐, Präteritum ☐, Plusquamperfekt ☐, Futur I ☐, Futur II ☐

d) *Sie <u>haben</u> schnell etwas <u>gekocht</u>.*
Perfekt ☐, Präteritum ☐, Plusquamperfekt ☐, Futur I ☐, Futur II ☐

AUFGABE 5

Bilde wie im Beispiel die entsprechenden Verbformen.

Präsens	Präteritum	Plusquamperfekt	Futur II
du siehst	*du sahst*	*du hattest gesehen*	*du wirst gesehen haben*
		er hatte erledigt	
	sie standen		
			ihr werdet geschrieben haben

AUFGABE 6

Kreuze an, ob es sich bei den markierten Verbformen um Aktiv- oder Passivformen handelt.

a) *Es wird wohl bald schneien.* Aktivform ☐, Passivform ☐

b) *Das Flugblatt wird gelesen.* Aktivform ☐, Passivform ☐

c) *Sie werden beobachtet.* Aktivform ☐, Passivform ☐

d) *Sie werden bald wieder kommen.* Aktivform ☐, Passivform ☐

e) *Er wird gewählt.* Aktivform ☐, Passivform ☐

f) *Sie wird heiraten.* Aktivform ☐, Passivform ☐

AUFGABE 7

Bilde wie im Beispiel die entsprechenden Verbformen.

Präsens Passiv	Präteritum Passiv	Perfekt Passiv	Futur I Passiv
du wirst gesehen	*du wurdest gesehen*	*du bist gesehen worden*	*du wirst gesehen werden*
	sie wurde geliebt		
wir werden verhaftet			
			ihr werdet verstanden werden

AUFGABE 8

Kreuze an, um welches Tempus es sich bei den markierten Verbformen handelt.

a) *Sie war vor dem Kino gesehen worden.* – Perfekt Passiv ☐, Präteritum Passiv ☐, Plusquamperfekt Passiv ☐, Futur I Passiv ☐, Futur II Passiv ☐

b) *Er wird sicher in der Prüfung gefragt werden.* – Perfekt Passiv ☐, Präteritum Passiv ☐, Plusquamperfekt Passiv ☐, Futur I Passiv ☐, Futur II Passiv ☐

c) *Diese Leckereien werden wohl bald gegessen worden sein.* – Perfekt Passiv ☐, Präteritum Passiv ☐, Plusquamperfekt Passiv ☐, Futur I Passiv ☐, Futur II Passiv ☐

AUFGABE 9

Kreuze an, in welchem Modus das markierte Verb jeweils steht.

a) *Dass er gerade heute anruft, ist kein Zufall.* – Befehlsform ☐, Indikativ ☐, Konjunktiv☐

b) *Sie sagte, dass sie jetzt lernen wolle.* – Befehlsform ☐, Indikativ ☐, Konjunktiv☐

c) *Schick mir doch bitte eine SMS, wenn du da bist.* – Befehlsform ☐, Indikativ ☐, Konjunktiv☐

d) *Lasst mich doch mal durch hier.* – Befehlsform ☐, Indikativ ☐, Konjunktiv☐

e) *Dieter trau ich nach dieser Geschichte nicht mehr.* – Befehlsform ☐, Indikativ ☐, Konjunktiv☐

f) *Könnte ich doch kommen.* – Befehlsform ☐, Indikativ ☐, Konjunktiv☐

AUFGABE 10

Formuliere die direkte Rede als indirekte Rede.

a) *Lena sagte: „Ich trinke am liebsten Orangensaft.“* ______________________________

____

b) *Simon fragte: „Wann kommt Carl denn endlich?“* ______________________________

____

c) *Sie bat Stefan: „Hilf mir bitte bei den Hausaufgaben!“* ______________________________

____

AUFGABE 11

In dem folgenden Satz ist ein Satzglied markiert: *Er schenkt seinem Freund zum Geburtstag einen Tischtennisschläger.* Kreuze den Satz an, in dem das gleiche Satzglied markiert ist.

a) *Er hat von seinen Eltern dieses Mal eine Tischtennisplatte bekommen.* ☐

b) *Er hat von seinen Eltern dieses Mal eine Tischtennisplatte bekommen.* ☐

c) *Er hat von seinen Eltern dieses Mal eine Tischtennisplatte bekommen.* ☐

AUFGABE 12

In dem folgenden Satz ist ein Satzglied markiert: *Mit großer Ausdauer hat er für die Klassenarbeit gelernt.* Markiere das gleiche Satzglied in dem nachfolgenden Satz.

Er hat trotz der guten Vorbereitung nur eine Drei geschrieben.

AUFGABE 13

Bestimme in dem Satz *„Ihr Vater hat ihr den Kater vor einem Jahr aus dem Tierheim mitgebracht.“* alle Satzglieder. Gib bei den adverbialen Bestimmungen die Art der Umstandsergänzung an (z. B. lokales oder modales Adverbial).

Satzglied	*Ihr Vater*	*hat (mitgebracht)*	*ihr*	*den Kater*	*vor einem Jahr*	*aus dem Tierheim*
Bestimmung						

AUFGABE 14

Unterstreiche in den folgenden Satzgefügen den Hauptsatz.

a) *Nachdem sie eine Dame, die zufällig an der Kreuzung stand, nach dem Weg gefragt hatten, setzten sie ihre Fahrt fort.*

b) *Weil es auch dieses Wochenende regnen sollte, verschoben sie ihre Wanderung, die sie schon so lange geplant hatten.*

AUFGABE 15

Kreuze an, ob es sich bei den markierten Nebensätzen um einen Attribut- oder einen Adverbialsatz handelt.

a) *Noch ehe sie am Automaten die Fahrkarte lösen konnte, war die Straßenbahn schon abgefahren.*
– Attributsatz ☐, Adverbialsatz ☐

b) *Er traute Martin, der ihn schon einmal belogen hatte, nicht mehr.*
– Attributsatz ☐, Adverbialsatz ☐

AUFGABE 16

Bestimme, ob es sich bei den markierten Nebensätzen um einen Objekt- oder um einen Subjektsatz handelt. Kreuze an.

a) *Es freut mich, dass du schnell gekommen bist.* Subjektsatz ☐, Objektsatz ☐

b) *Wer krank ist, sollte nicht in die Schule gehen.* Subjektsatz ☐, Objektsatz ☐

c) *Dass sie nicht kommt, wundert mich.* Subjektsatz ☐, Objektsatz ☐

d) *Ich frage mich, ob noch jemand kommt.* Subjektsatz ☐, Objektsatz ☐

AUFGABE 17

Bestimme, um welche Art von Adverbialsatz es sich bei den markierten Nebensätzen jeweils handelt. Kreuze an.

a) *Er schämte sich, weil er sein Geschenk vergessen hatte.*

kausaler Adverbialsatz ☐, temporaler Adverbialsatz ☐, konditionaler Adverbialsatz ☐, modaler Adverbialsatz ☐, konzessiver Adverbialsatz ☐

b) *Sie wollte nicht mehr mit ihm sprechen, auch wenn er noch so oft anrief.*

kausaler Adverbialsatz ☐, temporaler Adverbialsatz ☐, konditionaler Adverbialsatz ☐, modaler Adverbialsatz ☐, konzessiver Adverbialsatz ☐

c) *Es regnete, ohne dass es eine Unterbrechung gab.*

kausaler Adverbialsatz ☐, temporaler Adverbialsatz ☐, konditionaler Adverbialsatz ☐, modaler Adverbialsatz ☐, konzessiver Adverbialsatz ☐

d) *Seit sie angerufen hatte, hatte er keine ruhige Minute mehr.*

kausaler Adverbialsatz ☐, temporaler Adverbialsatz ☐, konditionaler Adverbialsatz ☐, modaler Adverbialsatz ☐, konzessiver Adverbialsatz ☐

Verben, S. 6/7

AUFGABE 1
Handlungsverben: schreien, arbeiten, turnen; **Vorgangsverben:** einschlafen, verfaulen, erblinden; **Zustandsverben:** stehen, bleiben, leben

AUFGABE 2
Infinitiv: sein, rufen, tun; **Partizip I:** gehend, wartend, lesend; **Partizip II:** diskutiert, geliebt, verstanden

AUFGABE 3
a) musste: Modalverb; b) hat: Hilfsverb; c) darf: Modalverb; d) sind: Hilfsverb; e) wird: Hilfsverb; f) möchte: Modalverb

AUFGABE 4
a) hörend, gehört; b) stehend; gestanden; c) nehmend, genommen; d) reitend, geritten; e) winkend, gewinkt (oder: gewunken); f) studierend, studiert

AUFGABE 5
a) geben; b) essen; c) streiten; d) lassen; e) nehmen; f) sein

AUFGABE 6
a) wollten; b) waren, durfte; c) konnte, waren; d) hatte, brauchte; e) sagte, komme

Verben – Tempora, S. 8/9

AUFGABE 1
Präsens: Ich lerne (gerade) für die Mathearbeit (= gerade ablaufendes Geschehen). Er geht immer früh zu Bett (= sich immer wiederholender Vorgang). Rom ist die Hauptstadt von Italien (= eine allgemeingültige Tatsache). – Perfekt: Ich habe die Vokabeln gelernt (und kann sie jetzt). – Präteritum: Er ging schon seit drei Jahren auf diese Schule. – Futur I: Er wird bald heiraten.

AUFGABE 2
Perfekt: wir haben gefragt, ihr habt gefragt, sie haben gefragt, sie sind gegangen – Präteritum: wir fragten, ihr fragtet, sie fragten, wir gingen, ihr gingt, sie gingen – Plusquamperfekt: wir hatten gefragt, ihr hattet gefragt, sie hatten gefragt, wir waren gegangen, ihr wart gegangen, sie waren gegangen – Futur I: wir werden fragen, ihr werdet fragen, sie werden fragen, wir werden gehen, ihr werdet gehen, sie werden gehen – Futur II: wir werden gefragt haben, ihr werdet gefragt haben, sie werden gefragt haben, wir werden gegangen sein, ihr werdet gegangen sein, sie werden gegangen sein

AUFGABE 3
a) 2. Person Singular Perfekt von „geben“; b) 2. Person Plural Perfekt von „schwimmen“; c) 1. Person Singular Futur I von „lernen“; d) 3. Person Singular Präteritum von „lesen“

AUFGABE 4
a) sie standen; b) du wirst vergessen; c) du warst gekommen; d) ich werde gegessen haben; e) sie haben trainiert

Verben – Aktiv/Passiv, S. 10/11

AUFGABE 1
a) Betroffener; b) Täter; c) Täter; d) Betroffener; e) Betroffener; f) Täter – Im Passiv stehen: Satz a), d) und e).

AUFGABE 2
a) Präsens; b) Plusquamperfekt; c) Futur I; d) Futur II; e) Perfekt; f) Präteritum

AUFGABE 3
a) Der Brand wird durch die Feuerwehr gelöscht. Die Feuerwehr löscht den Brand. b) Vom Arzt wird ein Rezept ausgestellt. Der Arzt stellt ein Rezept aus. c) Die Veranstaltung wird durch den Präsidenten eröffnet. Der Präsident eröffnet die Veranstaltung. d) Der Vertrag wird von den Geschäftspartnern geprüft und unterschrieben. Die Geschäftspartner prüfen und unterschreiben den Vertrag.

AUFGABE 4
a) Ein Stück von George Tabori wurde (vom Theater) gezeigt. b) Die Verletzten werden (vom Notarzt) versorgt werden. c) Ein Skandal wird (von Journalisten) aufgedeckt. d) Die Teilnehmer des Wettkampfs sind (vom Fernsehen) interviewt worden. e) Die Kenntnisse der Schüler waren (von der Lehrerin) geprüft worden. f) Die Hausaufgaben werden (von den Schülern) gemacht worden sein.

AUFGABE 5
a) Aktiv; b) Aktiv; c) Passiv; d) Aktiv; e) Passiv; f) Passiv

Verben – Modus, S. 12/13

AUFGABE 1
Wenn Paul doch nur aufstehen würde (aufstände/aufstünde). Paul, steh auf!

AUFGABE 2
a) böte; b) brächte; c) bäte; d) führe; e) fände; f) geschähe; g) läse; h) läge; i) nähme; j) stände; k) zöge; l) träfe; m) vergäße; n) sänge

AUFGABE 3
a) Imperativ; b) Indikativ; c) Indikativ; d) Konjunktiv; e) Imperativ; f) Konjunktiv; g) Konjunktiv; h) Indikativ; i) Imperativ; j) Indikativ

AUFGABE 4
Individuelle Schülerantworten; wichtig ist hier vor allem, dass die Schüler bei den gebräuchlichen Verben auch die reguläre Konjunktiv II-Form verwenden (vgl. Lösung **2**).

AUFGABE 5
a) Konjunktiv II; b) Konjunktiv I; c) Konjunktiv II; d) Konjunktiv I; e) Konjunktiv II; f) Konjunktiv I

Verben – Indirekte Rede I, S. 14/15

AUFGABE 1
a) Julia sagte zu Peter, dass sie morgen zu ihm komme. b) Julia sagte gestern zu Peter, dass sie heute zu ihm komme. c) Ich sagte gestern zu Peter, dass ich heute zu ihm käme (komme). d) Julia sagte mir gestern, dass sie heute zu mir käme (komme).

AUFGABE 2
a) Sie fragte ihre Mutter; „Was gibt es zum Abendessen?“ b) Sie bat ihren Freund: „Schließ doch bitte das Fenster!“ c) Er fragte seinen Freund: „Hast du den Film schon gesehen?“

AUFGABE 3
a) Er meinte, dass Clara schon Recht haben werde. b) Sie sagte zu ihm, dass er sie mit diesem Gerede doch in Ruhe lassen solle. c) Sie fragte am Kiosk, ob es noch eine Tageszeitung von heute gebe. d) Carolin hat mir erzählt, dass sie jede Woche einmal ins Schwimmbad gehe. e) Sie fragte ihren Bruder, was er denn in der Klassenarbeit geschrieben habe. f) Er forderte sie auf, sie solle ja nie wieder seine Hausaufgaben abschreiben. g) Die Lehrerin sagte zu Jan und Lisa, dass sie sofort aufhören sollten zu streiten.

AUFGABE 4
a) richtig ist: Ich sagte, dass ich keine Lust hätte. b) richtig ist: Ich sagte, dass meine Freunde alle viel schneller laufen würden.

Lösungen

Verben – Indirekte Rede II, S. 16/17

AUFGABE 1

a) Gegenwart; b) Gegenwart; c) Vergangenheit; d) Gegenwart; e) Futur; f) Gegenwart; g) Vergangenheit; h) Futur

AUFGABE 2

Satz a) Er sagte: „Sie ist hier (am Bodensee).“ – Satz b) Sie meinte: „Ich habe jetzt endlich mehr Zeit für meine Freunde und die Familie.“ – Satz c) Er meinte: „Sie hat mich (ihn) früher öfters mal getroffen.“ – Satz d) Er sagte: „Ich treffe sie gleich.“ – Satz e) Sie sagte: „Ich werde im Sommer wahrscheinlich nach Barcelona fahren.“ – Satz f) Sie sagte: „Die anderen schlafen schon.“ – Satz g) Er sagte: „Ich war noch nie in Amerika.“ – Satz h) Sie sagte: „Ich werde nach der Schule ins Ausland gehen.“

AUFGABE 3

Beispiel: Die Schülerin sagte, dass sie auch nicht genau wisse, wie sich die ganze Sache abgespielt habe. Sie seien in Zweierreihen gefahren. Plötzlich sei Sven ausgeschert. Vielleicht, so die Schülerin weiter, seien ihm die anderen zu langsam gewesen. Sie wisse es nicht. Jedenfalls habe er die Reihe verlassen und sei links weggefahren und habe die beiden vor ihnen überholen wollen. Sie selbst hätte sich erst mal auf ihre Vorderleute konzentriert. Plötzlich habe sie gesehen, wie ein anderer Skifahrer von hinten in Sven reinfahre. Der sei, so meinte sie, viel schneller gewesen. Beide seien gestürzt.

Nomen und Adjektive, S. 18/19

AUFGABE 1

Menschen: Arbeiter, Witwe, Mann, Kind; **Lebewesen:** Giraffe, Schlange, Taube, Fisch; **Gegenstände:** Stift, Computer, Glas, Nagel; **Erscheinungen:** Härte, Hass, Abfahrt, Glauben

AUFGABE 2

reich, reicher, am reichsten; alt, *älter*, am ältesten; lang, länger, *am längsten*; *nahe*, näher, am nächsten; gut, *besser*, am besten; hoch, höher, *am höchsten*

AUFGABE 3

Adjektive, die man nicht steigern kann: schriftlich, ledig, deutsch.

AUFGABE 4

a) junge; b) großen; c) zufrieden; d) Langweilig; e) frühzeitig; f) besser

AUFGABE 5

a) dicht; b) lieb; c) saftig; d) genau; e) dreist; f) fair

AUFGABE 6

a) attributiv; b) adverbial; c) adverbial; d) attributiv; e) adverbial; f) attributiv; g) adverbial; h) attributiv

Adverbien, S. 20/21

AUFGABE 1

a) Adjektiv; b) Adverb; c) Adverb; d) Adjektiv; e) Adverb; f) Adverb; g) Adjektiv

AUFGABE 2

Temporaladverbien: selten, seitdem, bislang; **Lokaladverbien:** da, wohin, aufwärts; **Modaladverbien:** halbwegs, sehr, zutiefst; **Kausaladverbien:** dennoch, folglich, deswegen

AUFGABE 3

a) Frage: Wohin? – Adverbart: Lokaladverb; b) Frage: Wann? – Adverbart: Temporaladverb; c) Frage: Warum? Trotz wessen? – Adverbart: Kausaladverb; d) Frage: Wo? – Adverbart: Lokaladverb; e) Frage: Wie? – Adverbart: Modaladverb; f) Frage: Wie? – Adverbart: Modaladverb; g) Frage: Warum? – Adverbart: Kausaladverb; h) Frage: Seit wann? – Adverbart: Temporaladverb

AUFGABE 4

a) sehr; b) links; c) seither; d) genauso; e) einst; f) dann

AUFGABE 5

a) Jetzt, aufwärts; b) Dienstags, meistens, überhaupt; c) Unterdessen, morgen; d) Auch, jedoch, halbwegs; e) blindlings, geradeaus, folglich, fast

Pronomen, S. 22/23

AUFGABE 1

1. Person: meiner; 2. Person neutral: dir; 2. Person höflich: Ihnen; 3. Person Maskulinum: ihn; 3. Person Femininum: ihrer; 3. Person Neutrum: ihm

AUFGABE 2

a) Personalpronomen; b) Possessivpronomen; c) Personalpronomen; d) Indefinitpronomen; e) Reflexivpronomen; f) Personalpronomen

AUFGABE 3

a) Wir, uns; b) Es, mich, ich, dich; c) Wen, du, deinem; d) Das, mein, deines; e) Manche, das; f) Dies, die, alle, mich; g) sie, wir, etwas; h) Sie, sich, ihnen, den, sie

AUFGABE 4

a) Artikel; b) Demonstrativpronomen; c) Artikel; d) Relativpronomen; e) Demonstrativpronomen; f) Demonstrativpronomen; g) Artikel

Präpositionen und Konjunktionen, S. 24/25

AUFGABE 1

a) auf; b) aus; c) in; d) in; e) über; f) unter; g) nach; h) neben (an); i) unter

AUFGABE 2

entweder

AUFGABE 3

a) nebenordnend; b) nebenordnend; c) unterordnend; d) nebenordnend; e) unterordnend; f) unterordnend; g) nebenordnend

AUFGABE 4

a) Grund; b) Ort; c) Ort; d) Zeit; e) Zeit; f) Grund; g) Ort

AUFGABE 5

a) so; b) deshalb; c) wenigstens; d) oh; e) ihren; f) abwärts

Satzgliedbestimmung – Subjekt, S. 26/27

AUFGABE 1

Beispiele a) Von Spanien aus | fuhr | Kolumbus | nach Amerika. Nach Amerika | fuhr | Kolumbus | von Spanien aus. b) Im Winter | fällt | viel Schnee | in den Bergen. In den Bergen | fällt | im Winter | viel Schnee.

AUFGABE 2

a) Satzgliedfrage: Wer oder was fuhr von Spanien aus nach Amerika? – Antwort: <u>Kolumbus</u> fuhr von Spanien aus nach Amerika. b) Satzgliedfrage: Wer oder was fällt im Winter in den Bergen? – Antwort: <u>Viel Schnee</u> fällt im Winter in den Bergen.

AUFGABE 3

a) Der kleine Junge | liest | ein Buch. b) Lene und ihre Freundin | spielen | Karten. c) Er | putzt | seit einer halben

Stunde | seine Schuhe. d) Die neue Lehrerin | gibt | ihren Schülern | am ersten Tag | keine Hausaufgaben. e) Sie | fahren | vielleicht | im Frühjahr | in die Schweiz. f) Trotz des schlechten Wetters | machte | der Ausflug | allen | viel Spaß. g) Auf diesen Tag | freuten sich | die Einwohner des Ortes | schon lange. h) Hat | irgendjemand | eine Frage?

AUFGABE 4

a) Der kleine Junge; b) Lene und ihre Freundin; c) Er; d) Die neue Lehrerin; e) Sie; f) der Ausflug; g) die Einwohner des Ortes; h) irgendjemand

AUFGABE 5

a) Subjekt: er; b) Subjekt: Das; c) ohne Subjekt; d) Subjekt: es; e) Subjekt: man; f) Subjekt: Es; g) Subjekt: Die Gespräche; h) ohne Subjekt; i) Subjekt: du; j) ohne Subjekt

Prädikat, S. 28/29

AUFGABE 1

Beispiele a) Du joggst jeden Morgen. b) Er wollte endlich in den Urlaub fliegen und sich erholen. c) In dieser Sache konntest du nichts mehr tun. d) Er wird sich wohl schon einmal getroffen haben.

AUFGABE 2

a) planten; b) sind; c) hatten; d) ist; e) war; f) musste

AUFGABE 3

a) ging; b) konnte; c) war; d) durfte; e) wusste; f) hätte

AUFGABE 4

a) wird (= finiter Prädikatsteil) wechseln; b) haben (= finiter Prädikatsteil) (sich) getroffen; c) sind (= finiter Prädikatsteil) gefahren; d) fürchtet (= finiter Prädikatsteil) (sich); e) hatte (= finiter Prädikatsteil) (nicht) gerechnet; f) möchte (= finiter Prädikatsteil) (nicht) gehen

AUFGABE 5

a) gingen, unterhielten; b) hatte, gelang; c) wollte, hatte; d) fürchtete, fand; e) wusste, sollte; f) konnte, machte; g) warteten, wurde, war, gaben

Objekte, S. 30/31

AUFGABE 1

a) Wer oder was? – Subjekt; b) Wen oder was? – Akkusativobjekt; c) Wem? – Dativobjekt; d) Wessen? – Genitivobjekt

AUFGABE 2

a) schenkten (= Prädikat), ihren Freunden (= Dativobjekt), Kinogutscheine (= Akkusativobjekt); b) Er (= Subjekt), wartete (= Prädikat), auf ihn (= Präpositionalobjekt); c) Sie (= Subjekt), gab (= Prädikat), ihnen (= Dativobjekt), keine Antwort (= Akkusativobjekt).

AUFGABE 3

a) Dativobjekt; b) Genitivobjekt; c) Akkusativobjekt; d) Präpositionalobjekt

AUFGABE 4

a) Sie kauft sich eine CD. – Bestimmung: eine CD = Akkusativobjekt; b) Der Junge las den Brief seines Freundes. – Bestimmung: den Brief seines Freundes = Akkusativobjekt; c) Die Polizei überführte den Dieb schnell der Tat. – Bestimmung: den Dieb = Akkusativobjekt, der Tat = Genitivobjekt; d) Er schrieb seiner Tante einen Dankesbrief. – Bestimmung: seiner Tante = Dativobjekt, einen Dankesbrief = Akkusativobjekt

AUFGABE 5

a) in London = Präpositionalobjekt; b) ihrer früheren Erlebnisse = Genitivobjekt; c) ihm = Dativobjekt, ihren Hund = Akkusativobjekt; d) des notwendigen Verständnisses = Genitivobjekt

Adverbiale Bestimmungen, S. 32/33

AUFGABE 1

a) Er las den Brief gleich. b) Sie sind in der Schule. c) Sie singt schön. d) Das geht nur mit Geduld. e) Er weinte vor Freude. f) Bei Bedarf öffnen. g) Ungeachtet seiner Schmerzen arbeitete er.

AUFGABE 2

a) Wann?, temporales Adverbial; b) Wohin?, lokales Adverbial; c) Warum?, kausales Adverbial; d) Unter welcher Bedingung?, konditionales Adverbial

AUFGABE 3

a) modales Adverbial; b) temporales Adverbial; c) lokales Adverbial; d) instrumentales Adverbial; e) lokales Adverbial

AUFGABE 4

a) In drei Monaten = temporales Adverbial; b) sehr schön = modales Adverbial; c) im Garten = lokales Adverbial; d) Aufgrund des schlechten Wetters = kausales Adverbial; e) ins linke Bein = lokales Adverbial; f) Seit Wochen = temporales Adverbial; g) vor Begeisterung = kausales Adverbial; h) Trotz Grippe = konzessives Adverbial

AUFGABE 5

a) Bei Regen = konditionales Adverbial, im Freien = lokales Adverbial; b) gestern = temporales Adverbial, im Unterricht = lokales Adverbial, aus Langeweile = kausales Adverbial; c) gerne = modales Adverbial, in die Schule = lokales Adverbial; d) Dank ihrer schnellen Auffassungsgabe = kausales Adverbial, leicht = modales Adverbial

Subjekt- und Objektsätze, S. 34/35

AUFGABE 1

a) Wer oder was freut mich sehr? b) Wer oder was ist mir egal? c) Wen oder was glaube ich? d) Wen oder was weiß er nicht?

AUFGABE 2

a) Subjektsatz; b) Objektsatz; c) Objektsatz; d) Subjektsatz; e) Objektsatz

AUFGABE 3

a) dass sie so schnell reagiert hat = Subjektsatz; b) wie dieses Problem zu lösen war = Objektsatz; c) Dass sie dieses Jahr keine Eins in Deutsch bekommen würde = Subjektsatz; d) Welche Folgen dieses Ereignis haben wird = Subjektsatz; e) wie er das immer macht = Objektsatz

AUFGABE 4

a) Er wusste nicht, wie er das Problem lösen sollte. b) Es kümmerte sie nicht, dass sie eine schlechte Note hatte. c) Mir ist bekannt, dass du eine Vorliebe für Rockmusik hast. d) Sie sahen ganz genau, wie sich der Unfall ereignete.

Adverbialsätze, S. 36/37

AUFGABE 1

- des Grundes (= Kausalsatz): weil, da, zumal (da) + Sie half ihm, weil sie Mitleid mit ihm hatte (Warum?).
- der Bedingung (= Konditionalsatz): wenn, falls, sofern + Sie können die Ware bei sofortiger Bezahlung (Unter welcher Bedingung?) gleich mitnehmen.
- der Art und Weise (= Modalsatz): als ob, insofern, wobei + Es regnete, als ob die Sintflut käme. + Es regnete wie bei einer Sintflut (Wie?).

- des Umstandes/des Mittels (= Instrumentalsatz): indem, sodass + Er lernte das Klavierspiel, indem er viel übte (Wodurch?).
- des Ortes (= Lokalsatz): wo, wohin, woher + Sie verabredeten sich an einem früheren Treffpunkt (Wo?).

AUFGABE 2

Beispiele: a) Bis der Zug ankam, saßen sie in der Bahnhofsgaststätte. b) Obwohl sie große Langeweile hatte, las sie das Buch nicht mehr weiter. c) Wenn das Wetter schlecht ist, grillen wir nicht. d) Weil jemand krank geworden ist, ist das Geschäft heute geschlossen. e) Er öffnete die Packung, indem er eine Schere benutzte. f) Um die Ursache zu erforschen, führten die Wissenschaftler viele Experimente durch.

AUFGABE 3

a) temporaler Adverbialsatz; b) konzessiver Adverbialsatz; c) modaler Adverbialsatz; d) kausaler Adverbialsatz; e) konditionaler Adverbialsatz

Attribute und Attributsätze, S. 38/39

AUFGABE 1

Adjektiv: Es war ein heißer Sommer. – Partizip: Aufgewärmtes Essen schmeckt mir nicht. – Adverb: Die Zeit danach war sehr schwer. – Präposition: Er war ein Mensch mit Humor. – Namensbestimmung: Er kaufte sich ein Disney-Comic. – Genitivattribut: Sie aß die Hälfte des Apfels. – Nebensatz: Er ist ein Schüler, der oft stört.

AUFGABE 2

a) den ertrinkenden Hund = Partizip (oder: attributives Partizip); b) Rad seiner Schwester = Genitivattribut; c) Fahrrad mit Alufelgen = Präposition (oder: präpositionales Attribut); d) ein leichtes Essen = Adjektiv (oder: attributives Adjektiv); e) Beatles-Platten = Namensbestimmung

AUFGABE 3

a) Er beschmierte sich an der frisch gestrichenen Wand mit Farbe. b) Sie hatte in das (von ihr) gestern gekaufte Buch noch gar nicht hineingeschaut. c) Er sah sich in dem neu eröffneten Geschäft um. d) Jetzt war das eben erst (von ihm) geputzte Fahrrad schon wieder schmutzig.

AUFGABE 4

Beispiele: a) Er las den Brief, den ihm sein Vater geschrieben hatte/der von seinem Vater war. b) Sie aßen Nudeln, die aus Italien kommen. c) Der Ast, der abgebrochen ist/war, lag am Boden. d) Das war ein Spiel unserer Mannschaft, das wirklich toll war.

Satzreihen und -gefüge, S. 40/41

AUFGABE 1

a) Wenn du die Aufgaben verstanden hast, dann erkläre mir die Aufgaben. b) Nachdem er die Prüfung bestanden hatte, konnte er wieder häufiger trainieren. c) Obwohl sie viel gelernt hatte, schrieb sie in der Arbeit eine Fünf. d) Er konnte die Frage klären, indem er im Internet nachsah. e) Sie kamen zu spät zur Schule, weil sie verschlafen hatten.

AUFGABE 2

a) Satzreihe; b) Satzgefüge; c) Satzreihe; d) Satzgefüge

AUFGABE 3

Wenn man sich in einer fremden Stadt verläuft, (= Nebensatz 1) muss man oft mehrere Personen nach dem Weg fragen, (= Hauptsatz) bis man jemanden findet, (= Nebensatz 2) der den richtigen Weg auch wirklich kennt. (= Nebensatz 3)

AUFGABE 4

Viele Dinge, (= Anfang Hauptsatz) die man in der Schule lernt, (= Nebensatz 1) sind durchaus wichtig, (= Ende Hauptsatz) wenn man auch den Nutzen, (= Anfang Nebensatz 2) den sie haben, (= Nebensatz 3) nicht im ersten Moment erkennt, (= Ende Nebensatz 2) obwohl man sich darum bemüht. (= Nebensatz 4)

Übungsblätter, S. 42/43

AUFGABE 1

Satz 1: Sie (= Personalpronomen) umarmen (= Verb) sich (= Reflexivpronomen), und (= Konjunktion) alles (= Indefinitpronomen) ist (= Verb bzw. Hilfsverb) wieder (= Adverb) gut (= Adjektiv). – Satz 2: Das (= Artikel) Wort (= Nomen) ENDE (= Nomen) flimmert (= Verb) über (= Präposition) ihrem (= Possessivpronomen) Kuss (= Nomen).

AUFGABE 2

a) Zornig = adverbial; b) kleinen, verzweifelten = attributiv; c) Schweigend = adverbial

AUFGABE 3

a) Temporaladverb; b) Modaladverb

AUFGABE 4

a) [Alles] | ist | wieder I gut. b) Er | tritt | auf die Straße

AUFGABE 5

a) ich; b) ohne Subjekt

AUFGABE 6

a) sein Weib (= Subjekt) bleibt (stecken) (= Prädikat) im Gedränge (= lokales Adverbial) hilflos (= modales Adverbial); b) Atemlos, mit kleinen, verzweifelten Schritten (= modales Adverbial) holt (ein)/(und) keucht (= Prädikat) sie (= Subjekt) ihn (= Akkusativobjekt) schließlich (= temporales Adverbial) zum Erbarmen (= modales Adverbial)

AUFGABE 7

a) Er sagt, dass er diese Heuchelei hasse. b) Sie sagt endlich, dass sie doch nichts dafür könne. c) Er sagt, schön, dieser Mist, dieses Liebesgewinsel, das nenne sie also schön, ihr sei ja wirklich nicht zu helfen.

Übungsblätter, S. 44/45

AUFGABE 1

Durch eine alte Dame mit kleinem Hund, (= Anfang Hauptsatz) welche infolge ihrer Umständlichkeit die Abfertigung am Postschalter verzögerte, (= Nebensatz 1) zur äußersten Wut gebracht, schlug er (= Fortsetzung Hauptsatz) – da ihm denn die Ehrfurcht vor dem Alter hier jede direkte Ausschreitung verwehrte – (= Nebensatz 2) mit einer schweren, zum Teil eisenbeschlagenen Keule, (= Fortsetzung Hauptsatz) welche der Angeklagte für solche Zwecke stets bei sich zu führen pflegte (= Nebensatz 3), die Front des gegenüberliegenden Hauses ein (= Ende des Hauptsatzes) , wodurch drei Wohnungen beschädigt und sechs Personen zwar nicht erheblich, immerhin aber derart verletzt wurden, (= Nebensatz 4) dass sie ärztliche Hilfe in Anspruch nehmen mussten. (= Nebensatz 5)

AUFGABE 2

a) wo ihre Eltern auch früher schon gelebt haben = lokaler Adverbialsatz; b) Seit sie ihre Hausaufgaben mithilfe eines Wörterbuchs korrigiert = temporaler Adverbialsatz; c) wenn du mich einlädst = konditionaler Adverbialsatz; d) auch wenn es derzeit vielleicht nicht danach aussieht = konzessiver Adverbialsatz; e) als ob es in dem Wettkampf um ihr Leben ginge = modaler Adverbialsatz; f) zumal er bereits das Buch gelesen und es ihm nicht gefallen hatte =

kausaler Adverbialsatz; g) Während er badete = temporaler Adverbialsatz

AUFGABE 3

Adverbialsatz: da ihm denn die Ehrfurcht vor dem Alter hier jede direkte Ausschreitung verwehrte (= Nebensatz 2) – Bestimmung: kausaler Adverbialsatz

AUFGABE 4

a) Attributsatz 1: welche infolge ihrer Umständlichkeit die Abfertigung am Postschalter verzögerte, (= Nebensatz 1); b) Attributsatz 2: welche der Angeklagte für solche Zwecke stets bei sich zu führen pflegte, (= Nebensatz 3)

AUFGABE 5

Gliedsatz: dass sie ärztliche Hilfe in Anspruch nehmen mussten. (= Nebensatz 5) – Bestimmung: Objektsatz

Übungsblätter, S. 46/47

AUFGABE 1

a) Plusquamperfekt; b) Präteritum; c) Präteritum

AUFGABE 2

hatte gestanden, stand, hat gestanden, steht, wird stehen, wird gestanden haben;
hatte kommandiert, kommandierte, hat kommandiert, kommandiert, wird kommandieren, wird kommandiert haben

AUFGABE 3

a) Altonaer Arbeitern, die ein Gericht zum Tode verurteilt hatte; b) Zwischenfall, von dem man noch lange in allen Hafenkneipen, Fabrikskantinen und Mietskasernen Hamburgs sprach; c) Hinrichtung, zu der man fünfundsiebzig Gefangene aus ihren Zellen holte

AUFGABE 4

a) Der jüngste der Verurteilten wurde nach seinem letzten Wunsch gefragt. b) Ihm wurden (vom Wachtmeister) die Eisen abgenommen. c) Dann wurden dem SA-Führer, von dem die Wachmannschaft kommandiert wurde, die Vorderzähne eingeschlagen.

AUFGABE 5

waren verurteilt worden, wurden verurteilt, sind verurteilt worden, werden verurteilt, werden verurteilt werden, werden verurteilt worden sein;
war gesprochen worden, wurde gesprochen, ist gesprochen worden, wird gesprochen, wird gesprochen werden, wird gesprochen worden sein

AUFGABE 6

a) Man fragte den Verurteilten: „Haben Sie/Hast du noch einen Wunsch?"; b) Er sagte: „Ja, den habe ich; ich will mich noch einmal richtig recken." c) Er sagte: „Lockern Sie mir doch die Handfesseln!"

AUFGABE 7

a) Indikativ; b) Indikativ; c) Imperativ

Evaluationsbogen, S. 48–51

AUFGABE 1

a) Haus; b) schön; c) ihm; d) besonders; e) er; f) dann

AUFGABE 2

A: gut, B: sehr, C: neben, D: lächeln, E: damit

AUFGABE 3

a) Verb; b) Nomen; c) Adjektiv; d) Adverb; e) Personalpronomen; f) Präposition; g) Adverb; h) Demonstrativpronomen; i) Präposition; j) Reflexivpronomen

AUFGABE 4

a) Präteritum; b) Plusquamperfekt; c) Futur II; d) Perfekt

AUFGABE 5

er erledigt, er erledigte, er wird erledigt haben; sie stehen, sie hatten gestanden, sie werden gestanden haben; ihr schreibt, ihr schriebt, ihr hattet geschrieben

AUFGABE 6

a) Aktivform; b) Passivform; c) Passivform; d) Aktivform; e) Passivform; f) Aktivform

AUFGABE 7

sie wird geliebt, sie ist geliebt worden, sie wird geliebt werden; wir wurden verhaftet, wir sind verhaftet worden, wir werden verhaftet werden; ihr werdet verstanden, ihr wurdet verstanden, ihr seid verstanden worden

AUFGABE 8

a) Plusquamperfekt Passiv; b) Futur I Passiv; c) Futur II Passiv

AUFGABE 9

a) Indikativ; b) Konjunktiv; c) Befehlsform; d) Befehlsform; e) Indikativ; f) Konjunktiv

AUFGABE 10

a) Lena sagte, dass sie am liebsten Orangensaft trinke.
b) Simon fragte, wann Carl denn endlich komme. c) Sie bat Stefan, er solle ihr bitte bei den Hausaufgaben helfen.

AUFGABE 11

c) Er hat von seinen Eltern dieses Mal <u>eine Tischtennisplatte</u> bekommen.

AUFGABE 12

Er hat <u>trotz der guten Vorbereitung</u> nur eine Drei geschrieben.

AUFGABE 13

Ihr Vater (= Subjekt), hat (mitgebracht) (= Prädikat), ihr (= Dativobjekt), den Kater (= Akkusativobjekt), vor einem Jahr (= temporales Adverbial), aus dem Tierheim (= lokales Adverbial)

AUFGABE 14

a) Nachdem sie eine Dame, die zufällig an der Kreuzung stand, nach dem Weg gefragt hatten, <u>setzten sie ihre Fahrt fort</u>. b) Weil es auch dieses Wochenende regnen sollte, <u>verschoben sie ihre Wanderung</u>, die sie schon so lange geplant hatten.

AUFGABE 15

a) Adverbialsatz; b) Attributsatz

AUFGABE 16

a) Objektsatz; b) Subjektsatz; c) Subjektsatz; d) Objektsatz

AUFGABE 17

a) kausaler Adverbialsatz; b) konzessiver Adverbialsatz; c) modaler Adverbialsatz; d) temporaler Adverbialsatz

Textquellenverzeichnis

S. 42: Kurt Marti: Happy End. In: K. Marti: Neapel sehen. Erzählungen © Nagel & Kimche, Zürich
S. 44: Heimito von Doderer: Ehrfurcht vor dem Alter. In: H. v. Doderer: Die Erzählungen. Hg. v. Wendelin Schmidt-Dengler. © München: C. H. Beck 1995. S. 310.
S. 46: Franz Carl Weiskopf: Der letzte Wunsch. Aus: F. C. Weiskopf: *Das Anekdotenbuch*
© Aufbau Verlag GmbH & Co. KG, Berlin 1954, 2008